レインボーチルドレン

―宇宙の申し子―

Rainbow Children

琉《る》生《い》少年の7次元哲学の旅

天日矛 Ameno Hihoko

VOICE

まえがき

私がこれからお話しすることは、「あまりにも浮世離れしすぎて、にわかには信じ難い」と皆さんに思われるかもしれない。

その内容とは、とある小学生の少年が突然姿を現した異次元世界の住人とコンタクトをとるようになり、数々の世界の理《ことわり》、異世界的視点の哲学とも呼べるものを教わりながら師弟関係を築き、学びを得ていくストーリーである。

少年は、師から与えられるミッションや、他の異次元世界の住人たちとコミュニケーションをとっていくプロセスの中で自分自身も超常的な能力を身に付け、非常に鋭い感受性や直観力などを持つといわれている〝レインボーチルドレン〟（詳しくはチャプター1の注釈参照）としての輝きを放ちながら、大きく成長していく。

都市伝説やスピリチュアルブームに馴染みがある人なら、「ああ、またその手の話か」と思われる方も多いだろう。それほど昨今、異世界の住人だったり、宇宙人と呼ばれるような存在だったりとコンタクトをとる子どもの話は増えてきているし、そうしたテーマを扱うアニメなども以前より見かけるようになってきている。

けれどもこれから語る内容は、そうした体験の模倣ではなく、私が直接取材を行った1次情報だということを最初に明記しておく（なお、少年の師匠となる異世界の住人とその仲間らは、自分たちのことを〝宇宙人〟と呼ばれるのは好ましく思っていないとのことなので、本書ではそれに類する表記を極力避け、異世界、異次元などといった表現を使用した）。

もし読者諸氏が、「異次元世界の住人とコンタクトする少年の面白エピソード」という側面のみを期待されるのだとしたら、こうした設定はフィクションでもよく見かけるものだし、多分期待外れになるだろう。

また、普段「常識」というレンズを通して世の中を見ている私たちからしてみれば、これからの話の全部を信じろと言われても、すぐには受け入れ難いことも十分承知している。


実は、取材した当の私でさえ、そのあまりにも途方もない内容に、すべてを消化し切れていない、というのが本音だったりする。故に、この物語をＳＦ的エンターテイメントとして楽しんでいただくことは、逆に大いに歓迎するところだ。

しかし、もし深いところまで読み込んで、自分なりの咀嚼《そしゃく》ができたなら、そのときは別の側面が大きな広がりをもって、新しい世界を見せてくれるだろうと確信している。

言うまでもないことではあるが、私たちの誰もが3次元物質世界の住人であり、肉体という縛りの中で五感を通してのみ、「外の世界」の情報を知り得る存在である。現代科学は正にこの現象面たる「外の世界」に目を向けることによって進化を遂げてきた。

一方、「外の世界」を見せられている私たち人間の心や魂といった存在は、一体何なのか？　科学はこれに対する答えを知らない。哲学や宗教、近年では精神世界、スピリチュアルといった分野は、その質問に答えるための受け皿とされることも多い。そういう点では、本書でこれから語られていく話も、受け皿としての役割を十分果たすことができるはずである。

私は、決して特殊な思想だったり、偏った宗教的な考えを伝えようとしているわけではない。

また、3次元物質世界に今浸透している社会通年などのすべてがそうだと言おうとしているわけでもない。ただ、よく考えずに私たちが受け入れてしまっているものの中には、首を傾《かし》げるような概念が多く潜んでいると思っている。

主人公の少年とその師らが伝えてくれる体験は、そうした常識や思い込みから解き放たれるためのヒントや引き金の役割を、きっと果たしてくれるはずだ。

登場人物たちが語る哲学が、己《おの》が生きる世界を見つめ直し、その周りに広がる世界を新たな視点で見据えるための助けに少しでもなれば、嬉《うれ》しい次第である。

CONTENTS

chapter 1

異世界住人たちとの出会いと素質の開花

旅の始まり～不思議な力を持つ少年、琉生《るい》くん

――2020年9月11日。この日届いたメッセージから物語は始まる。そして、この物語は現在もなお進行中である。

最初の頃、私は自分のことを、このストーリーの中の単なるメッセンジャー役にすぎないと考えていたのだが、すっかり今では登場人物のひとりのようなつもりでいる。そして、読者の皆さんの心の中にも、単なる傍観者ではなく、私と同様に舞台側の当事者のような意識がページをめくるにつれて、芽生えてくるのではないかと思っている。

私が、琉生《るい》くん（仮名）という不思議な力を持つ少年について知ることになったのは、この日私の動画投稿サイト宛に、とある人物から連絡が入ったことがきっかけだった。

送られてきたメールは、次のような言葉で始まっていた。

「あまりにも現実離れしたことが毎日のように起こり、それが当たり前になっています。ある現象が起こってから1カ月も経たないうちに、小学生の息子がひどく哲学的な物事の仕組みのようなものについて語りだし、私がこれまでかじってきた知識を完全に超えてしまいました」

私の動画投稿サイトでは、不思議体験をした方々への取材をもとに、自身で作成してアップした動画がいくつかあるのだが、恐らくそれをご覧になって連絡をくださったのであろうFさんから寄せられた内容は、群を抜いて興味をそそられるものだった。

この出だしに、ただならぬものを感じた私は、後に続く文面を読み進めながら、その内容に驚き、興奮し、ときには強く共感した。そして、そこにあるメッセージをひとりでも多くの人に伝えたいと思ったのである。

関西在住のFさんは、9歳（原稿執筆当時）の少年「琉生くん」の父親だ。琉生くんは、両親や兄弟と仲の良い、勉強もスポーツもできて明るい性格の、一見するとどこにでもいる男の子である。けれども彼はむしろ特別で、小さい頃から不思議な体験を多く語る子どもだったという。

〝世の中の常識〟というものの洗礼を受けていない幼少期は、多分不思議な世界とつながっているに違いない、というのは昔からの私の持論だ。

「木々の葉っぱが怒ってこっちを見ていたので泣いてしまった」(琉生くん)

と言ったのをFさんが聞いたのは、琉生くんが幼稚園児のときのことだったそうだ。

となりのト○ロは子どもには見えても大人には見えない。不思議な世界を子どもが見たと言っても「そんなもの、いるわけないよ」と、まともに相手をする大人は現代では少ないだろう。すると子どもたちは「どうせ言っても聞いてもらえない」ということを学習し、もし仮にそれが本物の体験だったとしても他人には言わなくなる。

そして、いつしかそれは〝なかったもの〟として記憶から消えていく。

大人から受ける幼少期のこうした体験は、無限の可能性を秘めた子どもたちの芽を摘んでしまっていることも多いのだろう。

ところが、Ｆさんは違っていた。琉生くんの話を一笑に付すことは決してせずに、意味が分からないなりにも「うんうん」と話を聞き続けていた。

他にも、琉生くんは、

「今の地球には、本当の自然はないよ」

「自然破壊は本当に嫌なんだ。地球で人間が一番愚か者だと思う」

「僕は宇宙の広大さをイメージすることができるよ」

「時間という考えを作ったから、人類は精神の発展が遅れたんだ」
「僕の使命は、人類が不可能だと思うことを可能にしていくことなんだと思う」

といったことを、時々Fさんに話していたようだが、今改めてこれらの言葉を見返すと、同年代の子どもが一般的に話す内容とは、かけ離れていることがよく分かる。

それから、少し特殊な体験があったと私が聞いたのは、琉生くんが8歳（小学2年生）のときの出来事だった。

「学校の廊下に、ギリシャの戦士みたいな人がいきなり馬に乗ってやって来て、透明の剣でお腹を斬ってきたんだ。そのとき何かの記憶が消えた代わりに、別の力を得たよ」

「近所の公園に、木に化けている緑色の人がいた。このよく分からない人に〝第六感〟のような力を授かったみたい」


これらの話が小学校低学年の少年によるものだとしたら、仮に空想だったとしても、かなり具体的な描写だと思う。

私は、取材時に実際にこの公園に行き、「緑色の人」がどこに現れたのかを琉生くんから教えてもらった。「とても嘘を言っているようには見えなかった」というのが率直な感想である。

さて、Fさんはというと、我が子の〝他の子どもとは違う特異性〟には、誰よりも早く気付いてはいたようだ。そして、琉生くんの言動にその都度真摯《しんし》に対応してはいたものの、最初の頃はそれほど気に留めてはいなかったらしい。

後日、琉生くんは言う。

「パパが信じて話を聞いてくれていなかったら、一瞬で〝普通〟の状態に戻っていたよ」

琉生くんが今日もなお、特殊な力を持ち続けているのは、幼少のときよりFさんという父親から理解を得られていたということが、良い方向に大きく作用しているのだと私は思う。

突拍子がないことでも決して否定せず、子どもと向き合う。「子どもの言葉に真摯

に耳を傾ける」という姿勢は、今回の琉生くんのようなケースでなかったとしても、それがどんな内容であれ、子どもにとってシンプルに大切なことなのだろう。

やがて琉生くんが9歳になると、夏頃に急激な変化が訪れ、その後わずか数カ月の間に、あまりにも信じ難い体験の数々をしていくこととなる。

そして、異世界の住人とコンタクトを果たすという運命の日を迎えた後は、その存在が琉生くんの人生の師となって、今もなお少年をサポートし続けてくれているのだそうだ。琉生くんはその日を境に、この地球に生まれてきた意味を知るようになっていくのである。

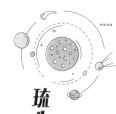

琉生くんと7次元《しちじげん》師匠《ししょう》

琉生くんが師と呼ぶ存在と出会うまでの劇的な数カ月について、どんなことが起こったのか?

それは、自分の身に起こる不可思議な体験を素直に受け入れ、急激に自らの世界観を広げて成長していく琉生くんと、息子の変化に戸惑いながらも彼を肯定し、導き、見守り続けているFさんとのひとつの物語とも呼べるだろう。

Fさんから聞いた話に、現象に対する私の見解なども時々織り交ぜつつ、順を追って簡単にまとめてみよう（琉生くん自身はこの期間スマートフォンを持っておらず、インターネット上の情報などの影響は受けていないことを申し上げておく）。

9歳（2020年） 7月初旬 強まる異世界とのつながり

「光の世界の友達が4人いる」

自転車に乗っているときに、燃えているような飛行物体を琉生くんが見たという。

そしてその後、4人の光の世界の住人と琉生くん自身を含めて、5人がひとつになったような感覚になったらしい。4次元以上の世界（＊本書内の〝次元〟の定義については チャプター2を参照）の住人のようで、家や学校の中には入ってこない、とのこと。

この頃から急激に、見えない世界の存在が一層見えだすようになったようだ。

9歳　7月9日　生への感謝

「生きていることに感謝の気持ちでいっぱい」

急に琉生くんがそう言いだしたとのこと。

9歳　7月30日　使命の自覚

「自信があふれてくる」「世界の皆を救う」「すべてのことに命をかける」

このようなポジティブな発言が目立つようになる。

恐らく、様々な異世界の住人が見えだしたことがきっかけとなり、琉生くんの中である種の目覚めとも言うべき心の変化が現れだしたのも、この頃なのではないだろうか。

日に日に何かに目覚めていく息子に、Fさんは戸惑いと不安の日々が続いただろうと察する。琉生くんもまた、自分の身に降りかかる到底誰にも理解してもらえないような出来事に不安や恐れを抱きながらも、子ども心に今の時代の地球に生まれてきた自分の使命を自覚し、覚悟を決めていったに違いない。

9歳　8月初旬　気難しそうな〝天狗《てんぐ》さん〟（5次元世界の住人）

「〝天狗さん〟がいる」

ダイニングの冷蔵庫の左上に、顔がオレンジで鼻の長い天狗のような姿が現れたそうだ。日常の生活空間に突如現れた異世界の住人。もちろん家族の中で見えているのは琉生くんただひとりである。

威厳のある顔立ちで、直視することを怖がっていた琉生くんは、長い間一度も話しかけなかった。身体の下のほうは透けているが、見方によっては腕を組んでいるようにも見えたとのこと。

最初に琉生くんから〝天狗さん〟のことを聞かされたFさんは「これは不吉だ」と思い、その場に向かって「悪霊退散！」とばかりに九字切りをしたらしい。

後に、この〝天狗さん〟は、悪霊どころか高貴なエネルギーを持ち、いろいろなことを前進させたり、勇気を分けたりしてくれる頼もしい存在であることが分かるが、いざというときに頼りがいがある反面、最低限度のことしか伝えてこない性格なのだそうだ。異世界の存在にも、それぞれの性格と特徴があるというのは興味深い。

9歳　8月8日頃　平和的な〝天使さん〟たち（4次元世界の住人）

「天使さんたちがたくさん来ているよ」

朝、リビングに100体くらいの〝天使さんたち〟がやって来たのだという。小さいけれどぼんやりと光った身体のようなものがあり、そのうちの2体は少し大きな光と羽を持っていた様子。

8月8日は、スピリチュアル界隈では「ライオンズゲート」と呼ばれる、地球の気の流れが強い日でもあり、琉生くん父子は、某神社※へ参拝に行くことを予定していた。けれども、どうも行くことを阻止しようとする存在がいたらしく、〝天使さん〟たちはそうした妨害から2人を守るために

現れたようである。

〝天使さん〟たちは人間のように意見をぶつけて対立したり、デモを起こしたりすることがない性質を備えており、互いに集合意識のようなものを持っていて、集団で行動して力を発揮できるのだという。そのお陰もあって、無事参拝することができたとのこと。

9歳　8月11日　Fさんの不調と言葉の力

参拝から3日後、原因不明だがFさんの肩が痛くなり、上がらない状態が続く。そこで琉生くんが、古代文字由来の言葉を唱えてみたところ完治してしまったようだ。

少し前、Fさんはこの古代文字に興味を持ち、本を買って琉生くんと一緒に読み始めていたようなのだが、もしかすると後々こうした言霊《ことだま》（言葉に魂が宿るという概念）的な力が役立つことを直観的に分かっていたのだろうか。

9歳　8月16日　キリッとした〝狐《きつね》さん〟（4次元世界上方の住人）

「〝狐さん〟がいる！」

〝天狗さん〟と〝天使さん〟に続いて現れたのが〝狐さん〟だった。場所は〝天狗さん〟が現れたのと同じリビング。白い狐のお面のような顔で眉は赤色。キリッとした顔立ちで、身体は動物ではなく長い人型の胴体。それを聞いたFさんが今度は「我が家がお化け屋敷になってしまった！」と真っ青になったという。Fさんにしてみれば、狐といえば人に取り憑《つ》いて悪さをする動物霊の定番で、とにかく不吉なものだったに違いない。

しかし、それも心配に及ばず、この〝狐さん〟

もまた、琉生くんを導いてくれる異世界の住人で、後になって神さまに仕える眷属《けんぞく》、俗に言うお稲荷《いなり》さんだと分かる。ヒーリングを得意としているらしい。〝天狗さん〟と違い気軽に何でも教えてくれるようだ。

9歳　8月18日　琉生くんの不調と不思議なメッセージ

この頃、なぜか琉生くんの体調が悪くなる。以前、体調が改善したFさんは、今度は琉生くんに同じ古代文字由来の言葉を唱える。すると突然琉生くんは感情的になり、興奮して取り乱してしまったそうだ。予想外の出来事に呆然《ぼうぜん》とするFさんに、落ち着きを取り戻した後の琉生くんは、その瞬間に起こったことについて語ってくれた。

次のような言葉が琉生くんの頭の中で、一瞬の短い時間にフラッシュバックしながら、何千回も聞こえたというのである。

「能力を開花せよ」「能力を開花せよ」「能力を開花せよ」「能力を開花せよ」「能力を開花せよ」「能力を開花せよ」「能力を開花せよ」「能力を開花せよ」「能力を開花せよ」「能力を開花せよ」「能力を開花せよ」「能力を開花せよ」「能力を開花せよ」「能力を開花せよ」「能力を開花せよ」「能力を開花せよ」「能力を開花せよ」……。

この日を境に、琉生くんの能力は飛躍的に開花していく。3次元の肉体を離れ、幽体離脱ができるようになったのもこの頃で、自分の意識体（アストラル体）を飛ばして異世界へ行けるようにもなったのだという。

9歳 8月22日 師からのファーストコンタクト

Fさんが何かに導かれるように琉生くんをソファに仰向《あおむ》けに寝かせ、頭の上の第8チャクラの位置に、趣味で以前買っていた新疆隕石《しんきょういんせき》（重さ1・6キログラムほどの黒みを帯びた茶褐色の石）を置いて、古代文字由来の言葉を唱え始めたそうだ。するとどうだろう。琉生くんの頭の中に、まるで映画のワンシーンのような光景が映し出されたらしい。最初に飛び込んできた映像は、宇宙空間を漂う小惑星だった。続いてその映像にまつわる、ある「物語」が送られてきた。このとき、悲しみの感情までが一緒に伝わったという。

琉生くんが時折涙ながらにFさんに語った物語とは、おおよそ次のようなものだった。

銀河系内でのこと。星の衝突により、自分たちの惑星「アトロメウス」に住めなくなった宇宙人たちがいた。彼らは星が衝突することは事前に分かっており、宇宙船で新たな移住先へと移動していた。しかし、その宇宙船が古くなったため、月の4分の1ほどの大きさの小惑星に乗り換えて移動を続けた。
同じ銀河宇宙でも、次元によって住む場所が異なるようで、彼らは新しい居住地として、太陽より大きな7次元に相当する恒星を選んだ。8次元への上昇を目指して、リーダーAがそこを選んだのだという。新しい星に移住してからは、8次元に少しでも近づくよう様々な計画が遂行され、新しいリーダーBに代わった。

その中に登場する元リーダーAが琉生くんに語りかけてきたのだそうだ。つまり7次元世界の中でも、上の方の住人ということになる。

彼はとても親切で、日本語で琉生くんの頭の中に「今後はいろいろなことを教えてあげよう」というメッセージを直接送ってきたらしい。琉生くんは、後に彼を師とすることを決め、「7次元師匠《しちじげんししょう》」と呼ぶことにしたという。

9歳　8月24日　運命の日

「今日は感動の日で、一生忘れることはないよ！」

Ｆさんによると、この日の琉生くんはとてつもなく喜び、はしゃいでいたそうだ。どうやら7次元師匠から琉生くんへひと言、「受け入れた」というメッセージが送られてきたとのこと。

それは、7次元師匠が「生涯をかけて琉生くんの人生を助ける」という意味を持っていて、琉生くんにとっては、とても嬉しいメッセージだったようである。

9歳　8月25日　ダース・べ○ダー現る？（5～6次元世界の住人）

某超有名洋画の超有名ヒール役のような姿をした何者かが琉生くんの前に現れる。7次元師匠によると、星の状況に応じてネガティブにもポジティブにも変化できる存在だとのこと。

それがべ○ダー卿《きょう》のように見えたのは、琉生くんの部屋の壁に貼ってあったポスターの情報を、その何者かが気を利かせて投影したからだったらしい。まだ名前も分からず、目的などの詳細は不明だ。

9歳　9月初旬　変幻自在な〝龍さん〟（6次元世界の住人）

「階段の上に何かが来た！　人の顔に長い棒のようなものが付いている感じかなあ。あっ、回転し始めて龍になった！」

これは〝龍さん〟なる存在が最初に現れた日の琉生くんの第一声だ。この〝龍さん〟をひと言で表すなら「変幻自在」だろうか。普段は緑色で、エネルギーが増大すると緑色から赤色へと変化し、最大エネルギーを出すときは紫色になる。琉生くんの家にやってきている〝龍さん〟は、〝天狗さん〟や〝狐さん〟よりも魂が若いそうだ。

驚いたことに〝龍さん〟には大きさの概念

がないとのこと。家の中ではコンパクト（?）に丸まっているが、地球サイズになることもできるらしい。私たちが目にする、いわゆる「龍雲」は〝龍さん〟が大きくなった姿なのかもしれない。

＊＊＊

7〜9月のわずか2カ月ほどの間に、琉生くんの周囲にはこんなふうに異世界の住人たちが続々と集まってくるようになった。それは守護霊団とも言うべきグループを形成し、それぞれの役目を担っている。

琉生くんの言葉を借りれば、そうした住人たちが全員集合したときには、スーパーマ◯オがスターを手に入れたときのような「無敵状態」になるそうだ。

では、なぜ7次元師匠だけでなく、4次元、5次元、6次元といった世界の住人たちも現れたのだろうか?

この話を聞いたときに、私がまず思い浮かべたのは、首座に如来さまがいて、周りに何体かの菩薩《ぼさつ》さま、さらには眷属が付き従っている仏教的世界観だった。つまり如来さまの位置に当たる7次元師匠が、琉生くんに対して円滑にアプローチし、的確なサポートを行うには、2者間の次元が開きすぎているため、7次元と3次元という間を取り持つ、菩薩さまや眷属役に当たる存在が必要とされたからではないだろうか、というのが私の推測するところである。

また、面白いことに、琉生くん自身の異世界の存在（いわゆるハイヤーセルフ）も、3次元世界にいる琉生くんをサポートしているらしい。そうした住人や存在たちにしっかりと守られている琉生くんが、何か特別な任務を負って、この3次元世界に生まれてきたのは間違いないだろう。

実際に私が取材を通して見た琉生くんという人物は、くりっとした利発そうな澄んだ瞳が印象的なことに加え、

- 相当なポジティブ思考
- その場の空気や大人の考えをかなり読むことができる

● 語彙力が思考についてきていないところもあるが、深い洞察力を持っている
● 生き物に対して優しく、いつも心の中で話しかけている※
● 勉強やスポーツはだいたい1番
● イメージしたものを、かなり高いレベルで工作することができる
● 社会のニュースに関心や理解があり、世界の国々の名前など興味のあるものはすべて覚えてしまう

といった性質の持ち主であり、特別な力を持ちながらも、決して自身を特別扱いしていない。能力をひけらかすことのない、とても謙虚で素直な少年である。

琉生くんは、よく「設定」という言葉を、映画の配役のような意味で使う。例えば、映画の中で王様役を演じている人と兵士役を演じている人のそれぞれが、実生活でも神がかり的なリーダーシップを持っていたり、とりわけ勇敢だったりするわけで

はない。それはあくまでも作品の中での役どころであって、役者の中の魂や性質そのものではない。3次元世界もこれと同じで、この世では魂の修行に最も適した役どころ、すなわち設定がなされているという考え方だ。

だから、琉生くんは言う。

「自分が能力を持っていること、7次元師匠たちに協力してもらえることは、生まれる前に設定されていただけであり、僕自身がすごいわけでもなんでもないよ。魂自体に上も下もない。皆素晴らしい。たとえ目に見えない世界や住人に気付いていないとしても、人生を全うすること自体が大きな魂の修行になっているんだ」

ということは、3次元世界の今という時代に生まれてきた私たちは、この状況でしか学べないことを学ぶための魂の修行をしている、ということになる。

それは琉生くんにおいても同様で、7次元師匠からの学びの日々が、ここから本格的に始まっていくこととなるのである。

レインボーチルドレンとしての素質を見せ始める少年

ある夏を境に、今までは目にしたことがなかったような、様々な異世界の住人たちが目の前に現れたり、頭にビジョンが送られたり、声や音が聞こえてきたり……。訳の分からないことだらけで、当初は琉生くんも、かなり戸惑い不安を抱くことが続いたそうだ。

「僕は怖がりではないほうだけれど、多分ひとりだったら耐えられなかったと思う」

8月24日、琉生くんが7次元師匠と出会って以来、7次元師匠と〝天狗さん〟は毎日琉生くんと一緒にいて、いろいろなことを教えてくれるようになり、そこから多くを学ぶようになったが、同時に様々なミッションが課せられることも少なくなかったらしい。日常の些細《ささい》なことから取り組み、難易度は徐々に上がっていく。ミッションを受けると、マークシートのようなビジョンが頭の中に送られてきて、クリアすると「済」のマークで塗りつぶされたとのことだ。

それはまるで、師弟が協力して、ひとつの道を極めようとしているかのようにも思える話であった。

日々、何やら大変そうな琉生くんの様子を、落ち着かない気持ちで見ていたFさんだったが、日に日に成長していく息子を目の当たりにして、その身に起こっていることは夢ではないのだと改めて確信を持つに至ったと語る。

人生における師との出会いを果たし、一層の成長を見せるようになった琉生くん。「レインボーチルドレン」※としての素質を垣間《かいま》見せ、特別な運命を背負った少年が、そのアプローチに歓喜し心から慕う「7次元師匠」、そして、彼が住む7次元の世界とはどんなところで、住人たちは何を意識して過ごしているのか？　琉生くんからの回答をここらでまとめてみよう。

Q 7次元師匠はどんな姿・性質の持ち主なのか？

- 姿・形はなく光のようで、愛にあふれている。7次元世界における理・哲学など、様々なことを教えてくれる。
- すべてを教えてくれるわけではなく、ヒントだけをくれることも多い（琉生くんが現世で学ぶ意味がなくなってしまうため）。
- 分身を使って会いに来てくれることがある（高い次元にいるほど自らの分身がつくりやすくなるとのこと）。
- ユーモアのセンスがあり、肩を揉《も》んでくれたりする。
- 7次元世界の中でも上方の住人であるため、8次元の世界を夢見のような形で覗《のぞ》くことができ、それを同じ世界の仲間たちと共有することを喜びとしている。

7次元世界とはどのような場所なのか？

個々の区別はあるが、それらの意識をはじめ星の意識までを含めた、すべての情報が共有されている。調和に満ち、愛にあふれた世界。悩みや不安、問題や疑問はほとんどない。

なぜ3次元世界へのアプローチが行われるのか？

7次元の住人たちにとって、3次元の世界は格好の魂の学びの場となっているようだ。彼らは皆、そこに留まることに満足しておらず、「魂の創造」さえも可能とされる8次元以上の世界への上昇を強く意識している。ただ、7次元世界には解決しなければならない問題がなく、自らの魂を磨くためには、3次元へ転生するか、サポートするかの2択になるとのこと。

また、異世界の住人たちは、地球、銀河宇宙、多次元での諸問題を解決できる仲間を増やし、次元世界全体の底上げをしたいと望んでいる。3次元で将来マスターになることができるような人材を、地球、銀河宇宙、多次元に亘《わた》って探していて、もし候補が見つかったならば、その対象に無償の愛を与え、指導することを心からの喜びとしているのだという。そうすることで、結果的に自分たちも8次元以上へ上昇しやすくなる、というわけだ。

ちなみに、彼らの気持ちに私たちが応えるには「感謝の気持ちをもって行動する」ことがいいらしい。そうすれば、愛情深い彼らと波長を合わせやすくなるし、アクセスできたなら、喜んでその人をサポートしてくれるようになるそうだ。

こう聞くと、7次元の世界というものは、私たちからすれば極楽浄土のような安住の地のようにも感じる。

しかしながら、「問題がないことが問題」という話などは、**たとえどんな存在になっても、どのような場所にいても、常に学ぶこと、高みを目指すことの大切さに気付か**

せてくれるのではないだろうか。

なぜそんな世界の住人が、個人としての琉生くんにアプローチすることになったのだろう？

それについては、琉生くんの過去世と大きな関係がある。７次元師匠が琉生くんをサポートすることは予《あらかじ》め決まっていたことだった、というのである。

どのくらい前のことかは分からないが、琉生くんがお祖父さん、Ｆさんがその孫、そして、Ｆさんと７次元師匠が親友、という過去世を体験したことがあったそうだ。

そこでの琉生くんは、若いＦさんと７次元師匠の面倒をみて指導をしていたことがあり、それが巡り巡って今世で逆転、琉生くんが７次元師匠からサポートを得る立場になった、というわけである。

そのとき、琉生くんと孫ほど離れた７次元師匠の見た目はほとんど変わらない姿で、年齢を頭の上にある光の輪の数によって判断していた様子から、地球ではない別の星での生だったのではないか、とのこと。

もしかして、私たちが想像する天使の頭の上に光の輪があるのは、あながち空想の世界のイメージというわけでもないのかもしれない。

この過去世の話は、7次元師匠が琉生くんの魂のプロフィール※を調べてくれたときに分かったものだそうだが、琉生くんと7次元師匠だけでなく、Fさんとの間にも過去世において深いつながりがあったことには、驚きと同時に納得を覚えてしまった。

サポートする側とされる側の関係性は一方的なものではなく、お互いがそれを受け入れることが前提になっているらしく、恐らく7次元師匠は琉生くんの準備が整うまで待っていたのではないかと思われる（それが9歳という年齢で果たせたのは、驚異的なことなのかもしれないが）。

Fさんがあちこちの神社を琉生くんとともに訪れたりするなどして、琉生くんの能力の鍵を開くキーパーソンとなっていたことは前でも記したが、3人のつながりが分かった今では、きっとその発案と行動も偶然ではなかったのだと腑に落ちた。

今世だけでなく、来世も、そのまた来世も、この後十数回生まれ変わっても、琉生くんをサポートし続けてくれるのだという7次元師匠。その絆は、私たちが想像する以上に深いものに違いない。

※**某神社**
兵庫県にある保久良神社のこと。超古代文明で使われていたという謎に包まれた「カタカムナ文献」と縁《ゆかり》が深いとされているお社である。古来日本には、言霊という概念があり、カタカムナという図形文字もそのうちのひとつとして挙げられることがあるのだが、神代文字の一種とされているヲシテ文字などの他の文字と同様、学術的に信憑性《しんぴょうせい》は乏しいとされている。真偽のほどは定かではないが、偽書扱いされているのが現状である。

※生き物に対して優しく、いつも心の中で話しかけている

琉生くんは植物や昆虫ともコミュニケーションが取れるときがあるのだという。詳しく聞くことができたフクロウとセミについての話を紹介しておこう。

「フクロウは太古の地球に月から飛来した元宇宙人なんだよ」

そのとき、地球の住人とフクロウは話し合いをして、フクロウが地球に住むことを受け入れたとのこと。実はこの交渉をした「オオカミのサブリーダー」が、過去世の琉生くんだったそうである。当時のフクロウは今よりずっと大きく、足の部分にまで羽根が生えていて2足歩行が可能だった。そして、非常に頭が良く、オオカミたちに向けて論理的かつ巧みに話しかけ、地球に住み着くことを許可させたらしい。

「昆虫の単眼は、人間の第3の目のようなもの。光やエネルギー、集合意識の共有を感じとっているんだ。特に、セミなんかにも集団意識がしっかりあるんだ。木に長生きできるようなものを入れている代わりに、樹液を吸わせてもらっているんだよ」

特に大人になると、昆虫に苦手意識を持つことも多くなるが、今度からは別の視点で見ることもできそうだ。

※**レインボーチルドレン**

琉生くんのような力を持った子どもたちは、「感性が鋭い」「環境に対して異常なまでに敏感」「相手が何を考えているか読み取れる」などの特徴を共通して持っていることが多く、中には妖精や天使などの目に見えない世界の住人とコンタクトする子もいる。

ニューエイジにおいては、こうした力を備え、何らかの使命をもって生まれてきた子どもたちのことを総じてスターチルドレンと呼び、それはより細かく、インディゴチルドレン、クリスタルチルドレン、レインボーチルドレンといった形で分類されることもある。

レインボーチルドレンは過去世を持たないと説明されている場合もあるのだが、実際に琉生くんに会ってみて私は、彼がその枠を飛び超えたレインボーチルドレンに違いないと思っている。

彼ら、彼女らの能力を生かすも殺すも、周りの大人たち次第であることを忘れてはならない。今のこの時期において、そうした子どもたちが地球に誕生してきているのにはそれなりの理由があるのであろう。

※**魂のプロフィール**

人間には、それぞれに「魂の履歴書」ともいうべきものがあって、その人に応じた高い次元の部分はどうであるかとか、過去世や未来世など各時間軸での魂の変遷はどうであるかとか、およそ今の私たちには知り得ないような情報がそこには記されているのだと琉生くんは話す。これは宇宙のすべての情報が記されているという〝アカシックレコード〟のことを指しているのだと思われる。7次元世界の住人は、このレコードにアクセスできるということなのだろう。

レインボー
—宇宙の申し子—
チルドレン
琉《る》生《い》少年の7次元哲学の旅

chapter 2

多次元世界の意識たちが決める意志

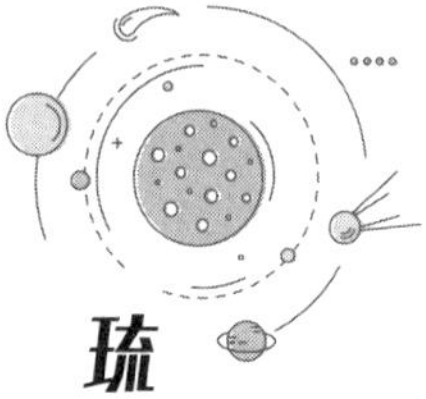

琉生くんが学んだ7次元哲学

具体的にこのチャプターから始まっていく、Fさんや私が聞いた世界の理《ことわり》、7次元世界の智慧《ちえ》とでも呼べるものの数々は、7次元師匠と琉生くんがやり取りする中から得られたものだそうだ。7次元世界の住人から教わった観念、7次元イズムのようなものであることから、本書ではそれを〝7次元哲学〟と、ひとまず呼ぶことにしよう。

しかし、この哲学、9歳の少年がすぐに理解できる内容だとは到底考えられないものがとても多い。また、いくら琉生くんが優れた素質を持っている子ども〝レインボーチルドレン〟だったとしても、その前段階にある、教える、伝えるということ自体が非常に難しい内容でもある。

ましてや、お互いは異なる世界の住人。4～6次元世界の住人のサポートがあるとはいえ、3次元世界の琉生くんは、どのようにして7次元師匠から学びを得ているのだろうか。

琉生くんによると、その方法は私たちが普段行っていたり、想像していたりするものとは随分と異なっていた。

7次元師匠のコンタクトのとり方は大きく2つあって、1つは普通に日本語で会話する方法。もう1つは、脳を離れた7次元寄りのアクセスを行う方法なのだそうだ。

3次元と7次元のどちらの世界に接点を寄せるかで、アクセスの仕方が変わってくるということで、3次元側に近ければ言語を使ったやり取りになり、7次元に近ければ言語を介さない「直感的理解」によるやり取りが行われるらしい。

7次元師匠がこの直感的理解によって情報を受け渡すときは、一瞬夢のようなものを共有されるや否や、その次の瞬間には、〝もともと知っている状態〟になるのだという。

そしてそんなときの琉生くんは、あまり内容を覚えていなかったり、忘れていたりすることが多いのだとFさんは話していた。

〝直感的理解〟と言われてしまうと、何やら琉生くんのような特別な人間にしかできないのではないかという印象を受けてしまうが、普段私たちが日常の中で、突然素晴らしいアイデアがひらめいたり、何かを悟ったりする、あの瞬間が〝それ〟に近いと思われる。

目に見えない世界からの情報を身体のどこでキャッチしているのかについて、琉生くんに分かるか聞いてみたところ、身体以外の部分でも感じ取っているけれども、〝身体の部分で〟と言うならその感覚がある所は2カ所だとのこと。

場所の雰囲気などといった情報を掴《つか》む場合は、左右のこめかみと上唇の歯茎の辺りで、異世界との交信や人が考えていること、電磁波やそれに乗ってくる想念、直感、啓示などを掴む場合は、額の中心の奥辺りだと言い、2カ所を使い分けているそうだ。

特に額の中心奥のほうは、脳の松果体※のことを言っているのだろうか。松果体は、睡眠ホルモンであるメラトニンを分泌する脳器官であり、魚類など多くの動物では光を感じるための、いわゆる「第3の眼」として機能しているとされている部分だ。将来、松果体を活性化する研究が私たちの世界でも進めば、異世界との交信がもっと一般的なものとなっていくのかもしれない。

というわけで、ここからは琉生くんがそういった手段を通して7次元師匠から伝えられたメッセージ、7次元哲学の中から、今の私たちに必要と思われる印象的なテーマを取り上げ、紹介・説明していきたいと思う。

取材・執筆にあたっては、7次元師匠から教わったことを琉生くんがFさんに口頭で伝え、それをFさんがメモにとり、そのメモをもとに私が話を組み立てるという形をとっている。

従って多少表現を変えたり、用語の解釈を付け加えたりはしているものの、ほぼ琉生くんが7次元師匠から聞いた言葉だったり、琉生くん本人が自分で師の言葉を解釈し語ったりした内容と同じものである。

シェアされた7次元哲学は、あまりにも3次元の常識とはかけ離れたものであり、ときには哲学的〝すぎる〟きらいのものすらある。

もちろんできるだけ噛《か》み砕いて、分かりやすく書いていきたいと思うが、大きく離れた異世界から発信されたメッセージであることから、理解し難い部分も多々あることは、ご承知いただければありがたい。

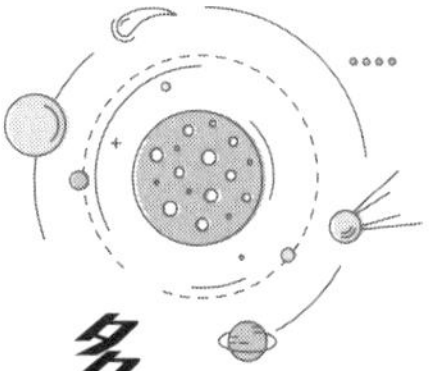

多次元で構成されているという様々な世界

「すべての世界は多次元構造で成立している。人間の身体の中にはいくつもの次元の魂や分霊があり、各次元の存在が重なって構成されている。それぞれの意識もある」（7次元師匠）

7次元哲学についてこれから皆さんに伝えていく上で、まず最初に紹介しておかなければならないテーマがある。それはこの「多次元」という概念である。

本書では度々「次元」という単語を使用しているが、これはもちろん物理学をはじめとする自然科学や数学で使われる「空間の広がりを表す座標としての次元」の意味ではない。精神世界的な意味で「次元」という言葉を用いているということを、混同を避けるためにここでお伝えしておく。

どちらが正しくてどちらが間違っているということではなく、両者は分野における概念の違い、定義付けの違いとなる。

後者においての次元とはどんなものかというと、階層的に連なっているもので、4次元、5次元、6次元、7次元……と層が上がるに従って、制約がなくなる世界が広がっているとされている。

例えば、3次元物質世界の住人である私たちよりも高い次元世界の住人たちは、肉体を持っていなかったり、過去・現在・未来というような時間・空間の物理的束縛がない……といった感じである。

少し話が逸《そ》れるが、こうした異次元世界の住人たちは、分身を巧みに使ったり、大きさを自在に変えたりと、各次元においての適切な方法で3次元の琉生くんへのアプローチを行っており、その様子は興味深いものとなっている。

さて、「異次元に自分以外のもうひとりの自分がいる」と言われてピンとくる方が読者の中にどのくらいいるだろうか？　当然多重人格のことなどではない。

正直なところ、3次元世界の一般人にすぎない私たちのほとんどが、実感を伴って正確にこのことを理解するのは非常に難しいのではないか、と私は思っている。しかもそれは、琉生くんのように特別な力を持っていた場合だけではなく、地球上のすべての人間が多次元に異なる自分を持つというのだから、なんとも難解な概念だと言える。

では、どうして私たちは、異次元にいる自分を認識することができないのだろうか？

これに関して、琉生くんの面白いエピソードを紹介しよう。

夢は、私たちと異次元世界の住人をつなぐ架け橋として、しばしば利用されることがある――。

以前、「夢で宇宙旅行へ連れて行ってもらえるよう、7次元師匠にお願いをしたらどうなるだろうか?」という話を、琉生くんとFさんの間でしたことがあったらしい。そこで琉生くんが7次元師匠にお願いしてみたところ、「今日の夜に連れて行ってあげよう」という回答をもらうことができたそうだ。

そして、翌日。目覚めてみると、なぜだか宇宙旅行の夢を2人とも見てはいなかったため、すぐに琉生くんは7次元師匠に「宇宙旅行には行けなかった」ことを伝えたところが意外なことに「2人とも行ったじゃないか」との答えが返ってきたそうだ。

7次元師匠との間の話に食い違いがあることを2人は疑問に思いながら、次の日を迎える。するとその日の朝、Fさんは異常な腰の痛みを覚えた。日頃は毎朝規則正しい生活を送っているFさんにしては珍しく、休日ということもあってか、その日に限ってはニ度寝してしまったようだ。

その後、なんとか起き上がってきたＦさんと琉生くんは2人で外出したのだが、車での帰り道になんとも不思議な現象を体験することになる。市街地を車で徐行運転しているとき、運転席のＦさんと助手席の琉生くんが、車のフロントガラス越しの前方上空に、あるものを目にしたのだ。

「見て！　何か飛んでる！」とまずはＦさん。続いて「雲に〝雷〟の文字がハッキリ見える！」と琉生くん。

とても奇妙なことだが、2人ほぼ同時に、しかも同じ方向に片や謎の飛行物体、片や雲に浮かぶ文字を目撃したのだった。

詳しく尋ねると、Ｆさんが目撃した謎の飛行物体は入道雲の切れ目辺りに現れ、大きな銀色の球体をしており、その場に静止していたという。そして5秒くらいかけてゆっくりと消えていったらしい。
対して、琉生くんが見たものは「雷」の文字の手前に巨大な神殿のような建造物が姿を現す光景だったそうだ。

まるで天空の城ラピ○タのような空中神殿を目の前にして、「空に建物がある－!!」と、そのときは驚きのあまり思わず声を上げてしまったそうだが、その巨大な神殿は日本の寺院のような雰囲気の茶色い建造物だったとのこと。頭の中に映像としてビジョンが見えているという感覚ではなく、ハッキリと肉眼で捉えることができ、「現在も確かに空中に存在している」と琉生くんは言っている。

しかもその空中神殿は、琉生くんをサポートしている4次元世界の住人の狐さんと縁が深いことが後日分かった。狐さんの魂は何億年前と古く、琉生くんが見た空中神殿の住人に、狐さんはかつて世話になったことがあるそうだ。
神殿がなぜ目の前に現れたのかは分からないが、狐さんとの関係からして、神殿自体は少なくとも5次元以上の世界のものだと思われる。

実際に私はFさんにお会いしたとき、この現場を車で通って確認させてもらった。道路の両側にはビルや商店が建ち並び、もし昼間に謎の飛行物体や雲に浮かぶ文字が見えたなら、周囲の多くの人も一緒に目にしているはずである。

ところが、実際には2人にしか見えていなかった。しかも面白いことに、それは全く別々のものだったのである。

このことを、私たちはどう理解・解釈したらよいのだろうか。

7次元師匠によれば、3次元世界と7次元世界とでは圧倒的に情報量の差があり、それはたとえるなら、顕微鏡で覗いている微生物と人間以上の差なのだという。

あくまで私の推論にはなるが、たとえ夢であったとしても、7次元師匠からみた宇宙旅行の感覚と、私たち3次元世界の住人が考える宇宙旅行の感覚との差に開きがありすぎた、という結果なのではないだろうか。

今、目の前にリンゴがあったとする。私たちはそのリンゴを見たり、手に取って触ったり、香りを楽しんだり、あるいは味わってみたり……と、五感を通してリンゴの存在を確かめることができる。そして、「リンゴとはこのようなものだ」というイメージができあがる。これが3次元世界で知覚できるフィールド上のリンゴに対する認識である。

では、もっと違う視点、ミクロの世界の住人としてリンゴを見てみるとどうなるだろうか。リンゴの分子構造があり、それはある化学式で成り立っている。さらに潜っていくと原子があり、原子核の周りを電子が回っている。

ミクロの世界は厳然と存在しているが、私たちは知識として理解することはできても、知覚し、実感することはできない。フィールドが違うからである。

このフィールドが違うということを、次元世界が異なることと同じ意味合いで捉えてほしい。

私たちがよく耳にする〝死後の世界（あの世）〟なども、そういう意味では異次元世界と言っていいのかもしれない。そして、死後の世界の様子くらいまでは、私たちでもかろうじて空想を働かせることができている。

でも、それを超える次元世界のことを、私たちは容易に空想・想像できるだろうか。7次元世界の住人たちが、どのように旅行に行くのかなど、私たちの想像の埒外《らちがい》なのではないだろうか。

次元世界が異なるということは、そのくらいのレベルで知覚認識に差が出てくるということでもあるのだ。

そういうことであれば、7次元世界における宇宙旅行が3次元世界に置換された形、つまり謎の飛行物体や空中神殿として2人の前に出現したというのは、それなりに納得できるし、可能性としても十分有り得る話だ。

Ｆさんと琉生くんで見ているものが違ったというのも同じ事情からで、主に３次元世界とつながっているＦさんと、４次元以上の世界の住人とつながっている琉生くんでは、同じ体験でも見ている面が異なるのではないかと考える。

それは、異なる次元にいる〝自分たち〟についても同じである。夢の中の自分と、夢の中で夢を見ている自分、そして、夢から覚めた自分。そのどれもが、「自分という魂の中の一部」にすぎない。どれが本体で、どれが見ているものが正しいかと問われても、すべてが〝本物〟なのである。

３次元世界の自分と異次元世界の自分たちに違いがあるとするなら、多次元構造の世界の中では次元が高ければ高いほど広く開けており、低いほど閉じた世界になるとのことで、高い次元から低い次元の自分に介入（導きや指導）できるという点くらいのようである。

目に見えている今の自分の世界だけが現実だというブロックを外したとき、私たちは夢から覚めて、異次元にいるたくさんの自分自身たちを認識し、多次元世界の本当の意味を理解することができるのだろう。

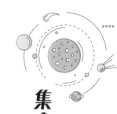

集合意識の多数決で決まる意志

それでは、様々な世界が多次元で成り立っているという概念を踏まえた上で、7次元哲学における集合意識というテーマに対して進んでいこう。

皆さんは、こんな疑問を持ったことがないだろうか。

「自分が自分であるという意識はどこから来るのだろう?」
「この地球という星に生まれてきた自分には、どんな存在意義があるのだろう?」
「私たちは、そもそもどのようにして、行動を決定しているのだろうか?」

現時点の科学では明確な答えを持たないものを含むこうした問いに対し、７次元師匠はこう答える。

「人が自ら考え行動に移すという行為は、一見自分の意志で行っているかのように見えるが、実は様々な要素の〝集合意識の多数決〟によってなされている。自分の意識、周りの人間の意識、細胞や器官、異世界の目に見えない存在までを含めたすべての意識によって、無数に存在するパラレルワールドの中から、ひとつの結果が選択される」

例えば、ある人がこれから出かけようとしているときに、雨が降りそうで傘を持っていこうかどうかを悩んでいて、最終的に「この後から降りそうだし、傘を持っていこう」と決めたとする。

当然ながらこの人は、自分の意志で傘を持っていくことを決めたと思っているだろう。だが、7次元の世界から見たとき、それはその人の意志によるものというよりも、様々な領域に存在する集合意識が関与してそうさせた、ということになるらしい。

7次元師匠によれば、この集合意識の領域は次の3つに大きく分けられるという。

①　人の細胞や器官の意識という領域
②　多次元の意識という領域
③　社会全体の意識という領域

これらの3つが、複合的に影響し合いながら、意志・自我を形成しているそうだ。

一体どういうことなのか詳しく見ていこう。

① 人の細胞や器官の意識という領域

「人の細胞は、そのひとつひとつにも魂や命、感情、意識がある。そして、身体の細胞や器官、それぞれの集合意識が話し合って〝意識の決定〟を行う。その決定に時間差はなく瞬時に行われる」

ここでいう「話し合い」とは「細胞同士の意識が融合する」という意味だと思われる。それにしても、細胞のひとつひとつに魂や意識、感情までもがあるとは、にわかには信じ難いことだ。
さらに7次元師匠はこう続ける。

「細胞のひとつひとつは、脳からの指令を受け取り、行動に移すだけではない。逆に、細胞全体の集合意識が、脳に指令を送ってもいるのだ。一見自分が脳で考え判断していると思っていることの大半が、実は身体の集合意識の結果を反映させていることも多く、身体の細胞の意識や集合意識のほうが次元として上である」

分かりやすく言うと、例えばある人が歯痛で我慢できなくなり、「もう我慢できない。明日は病院に行こう」と思ったとする。この場合、歯の痛みが、明日歯科医院に行く、という行動を起こしている。つまり歯の神経細胞が、大脳に歯の異常を知らせ、行動に移そうとしていることになる。

このように、細胞の集合意識は痛みという信号を脳に出して緊急事態を知らせてくれる。そして、実際には緊急事態のみならず、日常生活のすべての場面において、細胞の集合意識は脳に指令を送っているのだという。


もちろん身体の細胞としての集合意識は、切り離されて独立したものではなく、自分の身体の一部であること自体に変わりはなく、そういう意味では、異なる次元の自分自身だと言ってもいい。

だから大事なのは、常に「ひとつひとつの細胞は、それぞれに魂や意識や感情を持っており、それらとつながっている」という感覚を持つことだ。

そして、それらと対話することができるようになれば、もっと身体はいろいろなことを教えてくれるということである。


意識を決定する身体の声を聞くことについては、7次元師匠の教えを琉生くんはこのように語る。

「身体や心が疲れたと感じたら、一度頭と切り離してその情報をクリアにするか、脳ではなく、身体自体に『疲れた？』とか、『痛いの？』という問いをぶつけてみるといいよ」

「実は身体は疲れ知らずで、脳が疲れているという状態を作っているだけなんだ。だから、それを思い出すために、異なる次元世界の自身に聞いてみると、疲れや痛みは軽減するよ」

「病気やケガなどにも魂や意識、寿命があって、一見ネガティブに見える出来事でさえも、その人にとって成長・進化となるような使命をもって現れているんだ」

私たちの普通の感覚では、病気やケガは治すべきもの、忌み嫌うべきもの、という位置付けにある。だが、そういう**ネガティブなものにも存在意義があり、魂の進化という視点では、役割を持って現れてきている**のである。

〝ネガティブの必要性〟という話については後々詳しく触れることにして、病気やケガと、怒りや悲しみ、苦しみの感情を伴いながら対峙するのではなく、むしろ応援して感謝することで、病気やケガの寿命を早く終わらせる、つまり快方へと向かわせることができるという智慧は、私たちも日常で大いに生かせそうな教えである。

「治った状態に飛ぶ、というのは、心に治った状態を先にイメージさせて、時間差で物質がついてくる感じだよ」

「人間には、まだ発見されていない機能がたくさんあるんだ。あまり薬などに頼っていては、いつまで経ってもその機能は発揮できないけどね」

特に最後の言葉は、自然治癒力のことをいっているのではないかと私は思っている。人間にはまだ発見されていない未知の能力があるともいわれている。進化の過程において、まだそうした領域に達していない私たちは、病気やケガに対して現代医学を必要としている。こうした人間が持っている自然治癒能力は、将来解明されていくことになるはずだと思っているが、今の私たちにできることは、現代医学の恩恵をしっかり受けながら、同時に人間が持っている本来の能力に目を向け、可能性を探ることだろう。

身体の細胞が病に冒されていれば、そこから導かれる集合意識も誤った決定を選択し兼ねないのだから。

②多次元の意識という領域

かつて琉生くんが、手元にあった枕を使って「3次元世界と7次元世界との認識の違い」について教えてくれたことがあったと、Fさんは話す。

「3次元では、五感を通してこの枕の色や形、大きさ、触り心地などを自分だけが認識するんだ。だけどそれと同時に、異次元の自分たちも枕を認識している。それぞれの次元で認識の仕方が異なり、7次元では、材質や形状だけではなく、その枕をこれまで使った人やこれから使う人、作られた工程や材料、原子レベルまでの情報など、すべてが瞬時に分かる。そして、それらの情報を7次元にいるすべての住人が共有できるんだよ」

異次元にもいるというたくさんの自分のことを複数形で表現するのは、3次元の私にとって、どうもまだ慣れないところであるが、各次元の〝自分たち〟との関係について琉生くんは、

「自分の分身は各部屋にいて、すべてを含んでいる家が魂にあたるよ」

「各次元の自分たちは、話し合っていろいろなことを決めている。そんな彼らの根源にあるのが魂なんだよ。魂は各次元における総監督でもあって、すべてを包括しているんだ」

と続けて説明してくれたそうだ。

なんと琉生くんは、このとき既に3次元の肉体から抜け出て、各次元の自分たちが話し合いをしている様子を、家の視点、つまり魂の視点から見たことがあるらしい。ちなみに肉体を抜け出ると脳の制約がなくなるので、宇宙の情報量がかなり増えるとのことである。

この頃の琉生くんは驚くべき早さで成長しており、7次元師匠に頼らず、異なる次元の自分に質問することも増えていたと聞く。というのも、7次元師匠が琉生くんに何かを教えるときは、自発的な学びに支障が出ないよう、ある程度情報を制限して共有されるようなのだが、異なる次元の自分の場合はそのあたりの制約がなく、3次元の琉生くんの質問にすべて答えてくれたからだそうだ。

集合意識を形成する、多次元の自分たちの意識をまとめ上げる〝総監督〟役の魂については、その重要さを説く7次元師匠からの言葉があったので、ところどころで私見も添えながら、ここでいくつか紹介しておこう。

「魂は、あなたの3次元世界での人生だけでなく、あなたの他のすべての次元の人生をも設定している。潜在意識は魂の設定に従って現実を創っている。神さまでさえも、その魂の設定に影響を与えることはできない」

魂の設定とは、その人がどういう環境のもとに生まれて、どういう人生を送るかということを指す。人にとって、この極めて重要な「設定」は魂自らが決めていることになる。

恐らく自らの魂が進化する上で最も必要な設定は、自分自身で決めているということなのだろう。

「魂は宇宙そのものである。魂には大きさの概念がない。魂は宇宙のすべてを含んでいる」

宇宙があってその中にいくつもの生命体（魂）がある、と考えるのが普通の考え方である。しかし、7次元師匠は魂のほうが宇宙を含んでいると言っている。表現を変えると「認識するから世界がある」ということでもある。

これは真っ暗な夜道を、車がライトを照らして走らせているのに似ている。周りに照らすものが何もない漆黒の山道を走っていたとしよう。

そうすると、車に乗っている人から見た外の世界は、ライトで照らされて見えている範囲のみということになる。遠目ライトならより広い世界を見渡せるが、もしライトが消えれば世界も見えなくなり消失してしまう。

魂もこの車のライトと同様で、開けていれば大きく世界を見渡せる。つまり「魂に大きさの概念がない」という言葉には、「魂は無限に大きく広がる可能性を秘めている」という意味も含まれているのだろう。

さながらゲームの主人公が冒険の旅の中で、フィールドやダンジョンを探索しながら、マップを開拓していくようなものだろうか。

「ビッグバンは、3次元世界の視点で見ると宇宙の物質が広がったように見えているが、実は創造主の魂や意識が分裂して広がったもので、それぞれの魂が経験を積むために、それぞれの設定のもとで活動している。宇宙には無限の組み合わせやパターンがあり、無数にあるパラレルワールドや他の異なる宇宙を含めた構造が組み合わさって成り立っている」

私たちひとりひとりの魂は、根源をたどれば創造主の御霊の一部ということを伝えているのだと思われる。

さらにパラレルワールドや他の異なる宇宙が複合的に絡み合って、今の宇宙が成り立っているのだとしたら、3次元世界の現代科学では理解が追いつかないのも当然のことである。

そして、7次元師匠と琉生くんは、それぞれこう付け加える。


「宇宙は人それぞれ、つまり魂それぞれにひとつずつ存在する。また、それらを含んだ全体にも無数に存在する。人が死ぬとその人が活動していた3次元世界だけは、肉体と共に消滅してしまう」

私たちが認識している宇宙は、ひとつの共通空間というよりも、大小無数の宇宙が複合的に絡みあって成り立っている、ということなのだろう。
空間には魂の数だけ宇宙が存在し、「私」が見ている宇宙と、他の誰かが見ている宇宙は別のものになる。

「神さまは分身をいくらでも創ることができるよ。でも、皆の魂は神さまよりも大きな存在で、すべてを設定しているんだ。皆の魂は分身ではなく、大きさの概念もなくすべてを含んでいて、どこにでも存在できる。さらにその魂でさえ、別の魂によって創られ、設定されている。そういったことが無限ループで存在する。その根源がビッグバンだよ」

7次元師匠が分身を使って琉生くんに会いに来ているように、異なる次元にいる神さまたち（「唯一絶対神」という意味ではなく、日本でいうところの「八百万《やおよろず》の神々」のような存在だと思われる。どこからが神さまなのかは定かではない）は、分身を使って3次元世界の私たちをサポートしてくれているようである。

しかし、それはあくまでも分身であって本体ではない。一方で私たちひとりひとりの魂は、本体そのもの、宇宙・世界そのものだというのだ。

だからなのだろうか、多くの世界で数々の体験をし、多次元に亘る意識を持つ私たちについては、「存在していること自体が本当に皆すごい」と琉生くんは言う。地球上にいる数十億のひとりひとりの魂は、どれも皆尊い存在だそうだ。

そして、多次元の自分たちを束ねる魂は縦糸のように遥《はる》か上の次元世界へとつながっているとのこと。

自分ひとりだけの些細な物事についての決定だったとしても、様々な影響を受けてきた異なる次元世界の自分たちの意識が深いところに集まって、意思決定がなされていることがよく分かるテーマである。

③社会全体の意識という領域

人間と身体の細胞の関係が、言ってみればマクロとミクロとの関係性を表しているように、どうもこの地球という星と地球に住んでいる人間の関係もまた、マクロとミクロの関係にあるらしい。

身体の細胞のひとつひとつが、魂、意識、感情を持つように、地球の住人である私たちひとりひとりも、魂、意識、感情を持っている。そして、同じように、地球という惑星自体もまた、魂、意識、感情を持っている、ということのようである。

「恒星が輝いているのは、その星のすべての感情のようなものが光って放出されているからである。代わりに、そのポジティブな力でネガティブなものは同時にガードできている」

星が感情を有しているというのは、私の動画投稿サイトの中で紹介している「五つ葉ちゃん」という女の子も話していた共通する話題だ。

ポジティブな感情の放出が、3次元的には光や熱の放出に見えるのではないかと私は思っている。

では、そうした地球の意思決定はどのようにしてなされているのか？

7次元師匠によれば、かつての地球では植物が集合意識の重要な役目を担っていたそうだ。しかし、現在では、地域、国、世界、という各集団において集合意識を形成している私たち地球の住人が、世の中、ひいては地球そのものの行く末、意思決定を左右する、とても重要な役割を背負っているのだという。

「地球の木々は、意識の上ですべてつながっていて、地球の情報を共有できる重要な存在なんだよ。太古の昔、地球上の植物の集合意識は、地球の未来を決定していたんだ」

太古の地球には、自然と人間の共存共栄の世界があった。これは、自然と人間とが共存する姿が本来の地球の姿だった、ということを伝えているのだろう。そして、この琉生くんの話には続きがある。

「あるとき、宇宙から侵略者が現れた。そして、彼らが地球を支配するために最初に行ったこと、それが自然破壊だったんだよ。当時、神さまを直接攻撃するのが難しかったから、人間の中に入り込んで、人間を使って、効率よく、大自然にあった巨木をはじめ、植物を根こそぎ破壊させる道へと進ませたんだ」

この自然破壊によって、植物の集合意識に蓄えられていた地球の貴重な情報と、地球が本来進むべき未来の方向性が失われたのだそうだ。

その報いかどうかは分からないが、今日に至っては、自然に代わって私たち人間の集合意識が地球の意思決定に最も大きな影響を与えるものになっているようである。

普段から3次元世界の意識を超えた状態で周囲を見ている琉生くんは、人が言葉を発したり、感情の変化があったりするように、何かが起こった際、それがその場に影響を与えているのを感じ取ることができるそうだ。

空間が歪んだり、場所の雰囲気を「におい」として感じることなどがあり、言葉や意識が世界に影響を与えているのを実感していると話す。

「気持ち、言葉も物質を変えるんだ。言葉は感情のひとつ。素粒子にも命があって、原子と比べるとエネルギーが高いから、何かを改善するときは素粒子の修正から行うのがいいよ。声や言葉は、テレパシーが使えるようになっても残っていくものだから、大切に使っていかなければいけないんだよ」

言霊と同じように、ちょっとした発言や想いが、地球や世界に影響を与えるものとなるなら、私たちは普段から、もっと慎重に、そして丁寧に、よく考えて言葉と思考を使っていかなければならないのだろう。

※脳の松果体

脳波は、異次元世界と3次元世界の私たちを結ぶカギを握っているのではないかと私は考えている。目を閉じて安静にしているときにはα波（8～13Ｈｚ）が、起きて日常の活動をしているときにはβ波（14～30Ｈｚ）が、眠気があるときにはθ波（4～7Ｈｚ）が、といったように、人の精神活動と脳波には密接な関係があるからだ。ここから先の話は仮説にすぎないが、もし異なる次元世界にアクセスする精神活動があるとすれば、それはγ波（30～80Ｈｚ）の領域ではないかと思われる。

γ波は人の脳波の中でも、その周波数がとても高い。トランス状態、覚醒状態、明晰夢を見ているとき、そして、禅やチベット仏教の高僧が深く瞑想しているとき、脳をフル回転させてクリエイティブな活動をしているときなどに、この脳波は見られるのだそうだ。つまり五感が極度に研ぎ澄まされている状態を示すのがγ波であり、この状態になっているときは、異次元世界の扉とつながる可能性も高くなるのではないかと思う。もしかすると琉生くんは常時この状態を保っているのだろうか。

レインボーチルドレン
—宇宙の申し子—
琉生《るい》少年の7次元哲学の旅

chapter 3

過去世が教えてくれた魂のあり方

残酷な勢力「タイファイ」に使役された過去世

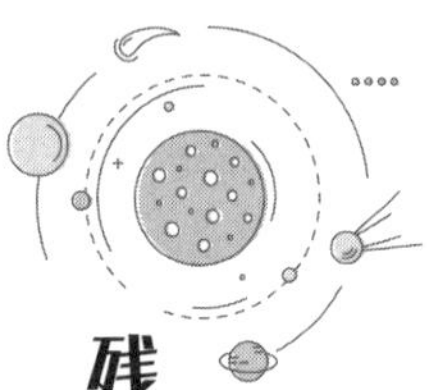

７次元師匠との学びのプロセスで成長を続けている琉生くんは、とある理由から過去世の記憶を思い出すこととなる。

私自身、仕事柄、自分の過去世を見てもらったこともあるし、過去世の断片を思い出した人の話を耳にしたことは少なくなかったのだが、ここまで詳細に語られた例はかつて聞いたことがない。

しかもそれは、まるでSF映画のようでありながら、自分がヒーローになるわけでもない。小学生の少年が創作したとも思えない、残酷で壮絶な内容であった。

琉生くんが思い出した過去世の記憶の舞台――そこはまさしく無間《むげん》地獄のような世界だったのである。

すべてが「密度の高いネガティブ」で覆い尽くされたとき、私たちに待っているのは、どんな世界なのだろう?

少年がその生を通して過去に学んだものとは、そして、「善」とは、また「悪」とは、一体何なのだろうか?

ある日、仕事から帰ったFさんに、「パパ、すごいことを思い出したよ」と琉生くんはいきなり語りだした。少年の頭の中に最初に浮かんできたのは映画のようなワンシーンで、夕日に向かって国歌のようなものを歌っているところだったという。それから日を追うごとに、記憶の断片がところどころ蘇《よみがえ》り、話が追加されていったため、Fさんはそのストーリーをつなげて書き留めていくことにしたそうだ。

それは遥か彼方のある惑星での出来事だったのか、それともこの銀河宇宙とは違う並行世界にある惑星での出来事だったのか——。

その舞台となる惑星は3次元の世界にあった。惑星の名前は定かではないが、本書では仮にT星としておこう。T星のテクノロジーは進んでいるものの、現在の地球に比べても住人たちの意識レベルは低かったようで、空は薄暗く緑色をしており、化石燃料のような油を燃やした煙でひどく汚染されていた。

そして、そこは超階層社会だった。当時、T星ではひと握りの「タイファイ」と呼ばれる支配勢力が隆盛を極めていた。その配下は、戦うためだけの戦闘員と、奴隷のように日々働かされるためだけの労働者に分かれており、T星の中で最も強いタイファイは彼らを使役して、常に周りの勢力との戦いに明け暮れていた。

労働者たちは、地球でいう15歳頃になると、機械が搭載された戦闘服と、今の警察官が被るような形をした帽子を着用しなければならなかった。

彼らの運動能力はとても高く、現在の平均的な住宅の2Fくらいまでは軽く跳躍することができた。顔は皆、地球のアジア系に近い造形だったという。

T星では、動物だけでなく木々までもが感情を持ち、活発に動くことができた。従って、それらも働かされていた。そこにいる動物たちは、足の数が昆虫のように多かった。働きの悪い動物や植物はすぐに殺された。木々もあまりのつらさに、声をだして泣いていた。

また戦闘員のような管理者も労働者も、老化したり、身体が破損すれば、機械によってその部分が補われ修復された。こうして、ただ戦い続けるため、働き続けるためだけに生かされるロボットのような日々が延々と続いていった。

そこで働く労働者たちの平均寿命はゆうに千歳を超えていたと思われるが、当時の琉生くんはまだ１００歳くらいで、その世界では若いほうだった。だが、琉生くんの身体もすでに、60パーセントほどが機械に置き換えられていた。

いっそすべてが機械に置き換わればいいものの、なまじ生身の身体が残されているだけに、人としての身体と心の痛みを失うことはなく、それが逆にこれから果てしなく続いていく日々を、惨《むご》く、つらく、長いものに感じさせていた。

琉生くんがいた頃よりもずっと昔のこと。ある好戦的な宇宙人がT星に攻めて来たことがあったそうだ。施設が攻撃され、破壊された。

「やっと……これで……終わりにできる…………！」

そう思った労働者たちは、漏れでた有毒ガスをあえて吸うために、ふらふらと集まってきた。だが、彼らには、自ら死を選ぶことすら許されなかった。タイファイの管理システムに遮られたのだ。結局タイファイは、その宇宙人と手を組むふりをして裏切り、テクノロジーのみを奪い取った。

その後も労働者たちは、「ヤカタ」と呼ばれる場所で四六時中、奴隷のように働かされた。

酷《ひど》いことに、身体には機械が埋め込まれ、感情までもが管理された。不満を思っただけで、その機械は身体を少しだけ削《そ》ぎ落とすなどの苦痛を与えてくるのだ。この支配体制に不満を持った瞬間、身体の中からひどく痛めつけられたつらい記憶が、琉生くんの中には今でも残っているという。

しかも、その内蔵された機械にもまた別の機械が内蔵され、故意に外そうとするとシステムが作動し、刃物のような鋭利なもので斬られるのだった。

口の横に取り付けられたマイクのような物は、仲間との会話内容をチェックするために使われ、迂闊《うかつ》に話すことさえ許されない。つまり完全な管理下に置かれていたのだ。逃げ道など、どこにもなかった。

それ故、労働者たちがタイファイの支配から解放されるには、いつの日か自分に訪れるであろう「死」を、ただひたすら待つしかなかったのだ。

ある日、このT星でのあまりに酷い惨状に終止符を打とうと、タイファイに反対する善良な宇宙人たちが結束して立ち上がった。

けれども、タイファイの支配下にある労働者たちは、攻撃されるのであれば、皆、様々な種類の武器（空気の衝撃を使って身体に穴を開けてしまう銃や、斬られるとその部分が凍り、治癒ができなくなるビームサーベルなど）を手にして、善良な宇宙人にも対抗せざるを得なかった。

自分たちを救助しにきたと分かっているのに……である。タイファイの管理システムは、無慈悲なまでに、常に「正しく」機能していたのだった。

そんな、いつまで続くのか分からない無間地獄の中、琉生くんはある日、戦闘員に鞭《むち》のようなもので殴られる。

「おい、当たってしまったぞ！」

そのとき、周りで叫ぶ声が聞こえた。

身体に内蔵された機械の重要部分に誤って鞭が当たり、琉生くんはそのまま体力を失って死んでしまったのだ。ミスを犯した側の戦闘員も、すぐに殺されたようである。

こうして、琉生くんのタイファイに支配された中での生は、114歳で突然幕を閉じた。この「死」は琉生くんにとって、生き地獄からの解放であると同時に、T星での体

験の終わりでもあった。

その後、激しい攻防の末、テクノロジーで勝るタイファイは、ついには善良な宇宙人たちを全滅させてしまう。

けれども、善良な宇宙人たちが放った最後の一撃が、最終的には功を奏すこととなった。それは氷の兵器のようなもので、じわじわと時間をかけて星の中心部分まで達し、T星を破滅へと導いたのだった。

ネガティブなエネルギーがT星のすべてを覆い尽くし、星自体が存在できなくなったことも、破滅の要因のひとつだと考えられる。

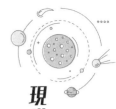

現世で癒やされた、過去世の念

タイファイによる支配は、この世界線の時間軸ではもう存在しない。けれども「過去・現在・未来はない」とする視点から見ると、それは厳然として今なおどこかで存在し続けているのである。

驚くことに、このタイファイという支配層に虐げられた記憶を持

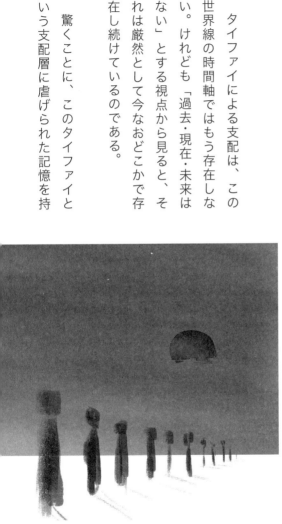

つ人は、実は琉生くんだけではないらしい。琉生くんが住む関西エリアだけでも少なくとも6人はいるとのことなので、地球全体で見たときはもっとたくさんの人がいるのだと思われる。

7次元師匠も、このタイファイが支配をし始めたばかりで、まだそれほど酷くなかった頃のT星に、転生した経験があるそうだ。

琉生くんが最初に思い出したワンシーンにまで戻ってみよう。

それは、タイファイが支配する中で、夕日に向かって彼らを称《たた》える歌を歌っている記憶だった。そこにはもともと太陽はなかったのだが、高いテクノロジーで太陽の代わりとなるものを作り出し、必要とするエネルギーを利用していた。

夕日に向かって国歌を歌う労働者たちの姿を思い出しても、琉生くんは懐かしさの欠片《かけら》も覚えなかったそうだ。仲間と安らぐひとときもわずかにはあったが、それですら心から楽しめたことはなかったからだという。

あるとき、何か気にくわないことでもあったのか、ひとりの戦闘員が琉生くんを殺そうとした。そのとき、そこにいた仲間たちが皆で助けてくれたものの、勢い余ってその戦闘員を殺してしまったことがあったらしい。琉生くんはこのときのことをよく覚えているという。

それもあって、琉生くんは、とにかくタイファイが関わる過去世での記憶を思い出すことがとても嫌だった。地球に生まれてきた今でも、「タイファイ」という言葉を口にするだけでも強い抵抗があるのだそうだ。

あるとき、琉生くんの頭の中に「リグレット」という言葉がはっきりと浮かんできたという。「パパ、リグレットって……どんな意味？」と英語が分からない琉生くんは、Ｆさんにその意味を尋ねたのだった。

「残念に思う、とか、遺憾に思う気持ち。後悔するという意味だよ」というＦさんの答えを聞いた琉生くんは、なぜＴ星での記憶がこんなにも嫌なのかに気付く。戦闘員を殺してしまったという後悔の記憶が、深い悲しみとして強く魂に刻まれ、「リグレット」という言葉として現れてきたということを悟ったのである。

琉生くんが7次元師匠から教わったものの中に、魂において危惧すべきは「後悔の念を持ち越すこと」という話があるそうだ。

魂は次の世界に生を宿すとき、自分の置かれる境遇を設定して生まれてくる。そのとき、後悔といった類いの経験は、払拭されなければならない課題として、転生の度に濾過《ろか》され、忘れていくようにできているらしい。

ところが、本当に耐え難いものとして魂に刻まれてしまった経験があった場合、人によっては「既視感《デジャヴュ》」のような形で、過去世の記憶の断片を思い出すこともあるとのこと。しかし、どちらかといえば明るい経験のデータのほうが蓄積されやすく、思い出しやすいシステムになっているそうだ。

〝果てしなく続く魂の進化の過程〟という視点から見れば、琉生くんがT星のタイファイの支配下で過ごした経験は、ほんの一瞬のことなのかもしれない。だが、そこでの無間地獄とも思えるほどのつらい記憶は、何度転生を繰り返しても、消えることはなかったのである。

魂の進化を目指すにあたり、あえてつらい役を経験することでしか学べないこともあるという。中でも、タイファイの支配下のように劣悪な状況での経験は、魂の研鑽《けんさん》に多大な影響を与えるそうだ。つまり、そのあまりにも過酷な魂の修行によって、短期間でのレベルアップが可能になるため、多くの魂が志願して訪れるらしい。

琉生くんが、そのことを知っていながら、あえて志願してタイファイに支配される経験を選んだのかは定かではない。しかし、いずれにしても、タイファイの奴隷といったような過酷な設定を選んだ志願者たちの多くは、皆琉生くんと同じように「後悔の念」を抱え、その経験を魂に深く刻んで、次の生にまで持ち越してしまうというのだ。

幸いなことに、琉生くんの場合は、今世でT星に関わる記憶を思い出し、心の奥底に溜まっていた淀みをFさんに吐露することによって、魂を癒やすことができたようだ。その意味では過去世でのつらい経験を今世で思い出すことは、意味があったことになる。

転生を繰り返しながら魂が成長していく過程で、人はどんなにつらい経験を体験しても、それを乗り越えていけるのだ、という希望を、このストーリーから見出すことができたのはシンプルに嬉しい。

琉生くんの心と魂に新たな変化と気付きを生みながら、T星にまつわる話は新たな展開を見せていく。

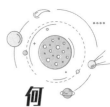

何よりも尊重される魂の自由意志

それから少し経ち、琉生くんの心も落ち着きを見せた頃、キッチンにまた見慣れない姿が現れた。それは人のシルエットと顔を持ち、紫色の服を着ていた。

当時、あまりにもいろいろな世界の住人が現れるので、覚えていた真言を琉生くんが唱えてみたところ、その存在は逃げなかったため「いい人なのかな？」と思った

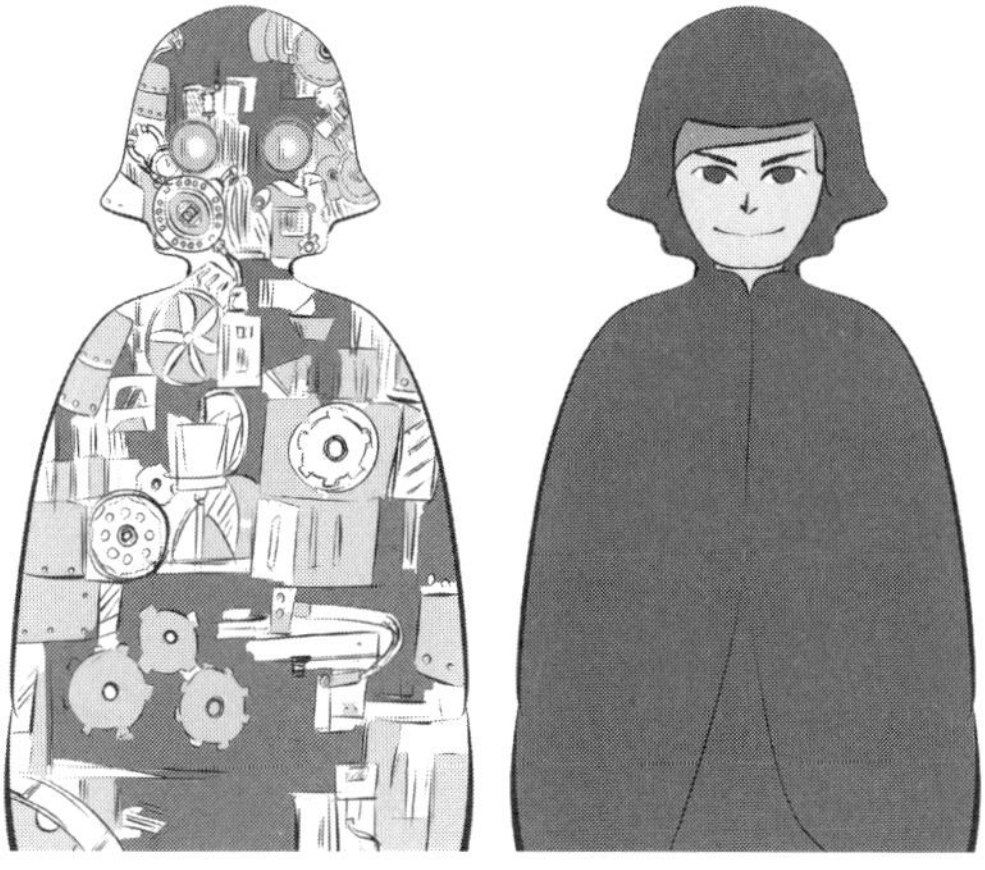

という。

そこで話を聞く姿勢を見せると、なんとその存在は自分のことを〝T星のタイファイ〟だと名乗り、「過去世ではつらい思いをさせてすまなかった」と話しかけてきたというのである。

また、琉生くんがT星に関する過去世の記憶を取り戻したのは、彼が意図的に情報を伝えていたことに起因しているらしかった。

現在の名は「イグニー」というらしく、優しい存在に生まれ変わり、5次元のポジティブな星の住人なのだという。

とはいえ、緑色に怪しく光る目と機械のような顔を持ち、強大なネガティブエネルギーを使って、もともといた支配者層を排除し、短期間で権力の座を勝ち取ったという、かつてのタイファイ。

一代で権力のトップの座にまで上り詰めた豊かな素質の持ち主とはいえ、いわば

「ダークサイドの権化」のような魂だった彼が、光の世界へと転生し、5次元にまで駆け上がることなど、本当にできるのだろうか？

その疑念を払拭するのが「魂の自由意志」という7次元師匠が伝える宇宙の法則である。

宇宙には厳しい掟《おきて》があると琉生くんはいう。それは、いくらネガティブな存在であっても、本人の承諾なしに無理矢理ポジティブな存在に変えることはできない、というものだ。

ポジティブな存在がネガティブな存在に対してできることは、その魂が**ポジティブに変わるかどうかの説得をして、選択肢を与えることだけ**、なのだという。

説得に応じて、よりポジティブな状態へと変わるのか、ネガティブな状態の並行世界を選択するのかは、その魂次第。

この**魂の自由意志は、何よりも尊重されなければならないもの**なのだそうだ。

以前、琉生くんがFさんとの談笑中に、「パパの背中に爪の長いネガティブな存在がくっついているよ。今から撥《は》ね飛ばすから一緒に『ハーッ』って言って！」と突然言ったことがあるという。

放っておくと、Fさんがその存在を受け入れてしまいそうだったため、焦って伝えたらしい。

琉生くんがそう言うのと同時に、ネガティブな存在は窓から慌てて出ていったそうだ。

なぜそのネガティブな存在が退散したかというと、琉生くんによってポジティブな存在に変えられてしまうことを恐れてだったとのこと。つまりその存在はポジティブに変えられることを望んでいなかったことになる。

琉生くんは冗談交じりに「これからは逃さない技を覚えていきたい！（笑）」と言っ

ていたが、それはあくまで選択肢を提示するため。私たちが他人の生き方・進む道を操作できないように、異世界の住人に対してもポジティブであることを強制したり無理やり押し付けるのは、魂の自由意志という7次元師匠が言う宇宙の法則に反する行為なのである。

この法則に基づくならば、「イグニー」という5次元世界の住人は「ポジティブな状態」へ変わることを強く望んだのだろう。5次元に至るのは簡単なことではあるまい。恐らく私たちには測り知れないほどの苦難の道のりだったに違いないのだ。

そんな彼は、7次元師匠と同様、秀でた人材を求めて地球に来ているのだという。琉生くんがその有力な候補であり、それ以外にも〝これは〟という候補が見つかれば、その人物のエネルギーや過去世、未来世までも調べている最中だったらしい。

彼は、T星にいたときから、琉生くんの運動神経が良かったことを記憶しており、それを再確認するため、そして自分が3次元の肉体を持っていた頃の感覚を再度体感したいがために、交信能力のある琉生くんの身体を借りに、地球へ来たようである。

以降、彼が度々姿を現すにつれて、次第に琉生くんも警戒を緩めるようになり、「イグニーさん」と親しみを込めて呼ぶようにもなっていった。今では友達のような関係が築かれているという。

Fさんはよく琉生くんとキックボクシングのスパーリングのようなことをするらしいのだが、雰囲気や攻撃力が明らかに変わっていたことがあったそうだ。

後になって聞いた話では、実はそのとき、琉生くんの身体の中に〝イグニーさん〟が入ってきて、パンチやキックを繰り出していたということだった。琉生くんの身体を借りることで、久しぶりに3次元の肉体を持つ感覚を楽しんでいたそうだ。

また、あるときは、パスタを食べていた琉生くんの身体に入ってきて、一緒に味わったこともあるという。

〝イグニーさん〟はまだ1体の分身しか作れず、どちらか一方の世界にしか居られないようだ。今居る自分の星でも、かなり高い身分で多忙なため、3次元世界にはいないことも多い。

琉生くんが話すには「分身をさらに増やせるよう修行中」だとのこと。

ネガティブからポジティブな世界の住人へと転生しても、修行の日々は終わらないようである。

今では両者の過去世でのわだかまりも消えているようで、イグニーさんは良き協力者となってくれているという。

過去のネガティブなつながりさえも、フラットに受け入れて新たな関係を構築してしまう琉生くんは、人としてだけではなく、レインボーチルドレンとしても十分な器と魅力を備えているのだろう。

見えないからといって、ネガティブ系の存在が私たちの身近にいないわけではない。普段の琉生くんは普通の小学生として学校生活を送っている。ちなみに学校の友達の誰ひとりとして、琉生くんが不思議な力を持ち、体験をしていることを知らない。

琉生くんは言う。

※ネガティブな存在

「学校に行くことや先生、友達は好きだけど、学校という場所自体では、ところどころでネガティブな想念を感じることがある」

例えば、よく歌を歌うことがあるが、素晴らしく聞こえる歌の中には、その周波数にネガティブな想念が込められているものもあるらしい。琉生くんによれば、学校というのは言わば管理社会を学ぶ場であり、至る所にネガティブエネルギーの仕掛けが仕込まれているとのことである。

これは学校に限らず、同じような多くの人が集まる場所に共通する話である。例えば、有名なものだと古代エジプトのオベリスク（古代エジプト期に建てられた記念碑）もそのひとつらしい。学術的には素晴らしいものだと思うし、そもそもの設計者にそういった意図があったとは思わないが、あくまでネガティブな存在がそれを利用しているようなのである。他にもあらゆる建造物、あるいはテレビやネットといったメディアなども利用の対象となっているということだ。

「ネガティブな意識体は、ポジティブなふりをしているけれど、人々の意識を支配しようとあらゆる手段で狙っているよ。でもそこに波長を合わせないようにすれば良いだけなんだ」

と琉生くんは言っているので、必要以上に恐れることはないようである。

chapter 4

異世界を眺めるための俯瞰視点

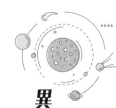

異世界住人とコミュニケーションをとるために

7次元師匠の哲学を琉生くんから聞いていると、もっともっと尋ねてみたくなり、できることなら私も4次元世界以上の住人たちと直接コミュニケーションをとれないものかとついつい思ってしまう。

琉生くんと異世界の住人たちは、具体的にどんなコミュニケーションをとっているのだろうか？　その体験をもとに、何かヒントがないか探ってみよう。

まず、琉生くんの目には、異世界の住人たちがどのように映し出されているのかというと、次の3つのパターンが組み合わさって、相手からの情報を受け取り、それを自分のエネルギーや世界に合わせて、プロジェクターに映して見ているような感覚なのだそうだ。

a. 異世界の住人は活動する世界によって様々な姿を持つ。さらに見る人側のエネルギーに合わせてその姿の見え方は異なる。

b. 異世界の住人が私たちの頭に情報を送って姿を見せている。

c. 本人の主観だけで姿が見えている（能力の高い人は相手からの情報にあまり頼らず自分の能力だけで見ることができるらしい）

また最初に、異世界の相手側に姿を認識する許可をもらうことが大事なのだそうだ。許可がないと、お互いに認識することができない仕組みになっているらしい。

異世界の住人が自分を隠せば、いくら能力の高い人が注意深く探しても見えない、というのである。逆に許可が下りれば、チャンネルを合わせて情報をつなぎ、頭でイメージを作り上げることができるようになるようだ。

この流れを、琉生くんの場合は異なる次元の自分がタイムラグなく自動的に行っているそうで、そこで初めて住人たちの姿が見えるとのことである。

ただ相手側のほうは少し事情が異なってくる。彼らには肉体という3次元的な縛りがない。それでは、目の代わりに、例えばどういった方法で琉生くんを認識しているのか聞いてみると、「異世界ではイメージすることが目の代わりになる感じ」と教えてくれた。

なかなか私たちには理解が覚束ない表現ではあるのだが、イメージすることで異なる次元との接点を持つことが見ることにつながり、ときには何かを創り出して、私たち3次元の世界に影響を与えることもあるらしい。

琉生くんが体験したという4つのケースを紹介しよう。

その1

地球由来の6次元世界の住人 〝龍さん〟とのコミュニケーション体験

某山の展望台でとあるイベントが開かれていたときのこと。琉生くんはFさんと野外会場まで向かうことになった。その日は1日中雨の予報で、生憎、朝から本降りの雨が降っていた。

琉生くんの周囲に集う異世界の住人たちには、それぞれに得意分野があるようで、琉生くんを守護している龍さん※も天候を自在に操ることができるらしい。

そこで琉生くんは龍さんに、「会場にいる間だけは雨をどうか止めてください」とお願いしてみたところ、龍さんからは了解したという返事をもらうことができたそうだ。

　そのことを琉生くんから聞いたFさんは「本当かな？」と半信半疑だったとのことである。するとどうだろう。車が現地に近付くにつれて、あれだけ降っていた雨が小降りになり、会場に着く頃には、本当に雨が止んだのであった。


　また、別の日のこと。夕方頃に山道を行く車に乗っていたとき、深い山奥で濃い霧に見舞われてしまう。1メートル先も見えないほどに視界が遮られてしまったのだった。そこで不安に感じた琉生くんは「霧を晴らしてください」と龍さんにお願いすることにした。すると、それから10秒もかからないうちに、進行方向への道を塞いでいた霧が晴れていったのだった。

「やっぱり龍さんはすごい！」と琉生くんが思わずそう叫んだときだった。霧の塊が車のフロントガラスをめがけてぶつかってきた。Fさんがびっくりしていると、「今のは龍さんからの返事だよ。霧で会話もできるってことを教えてくれているよ。今のはイエスの返事」と琉生くん。

　そんな会話方法があることも驚きであるが、実際にこの後、琉生くんとFさんは何回か質問をぶつけては霧が飛んでくるという現象を体験したのだった。

もちろん琉生くんレベルの能力があれば、テレパシーを使って直接アクセスすることも可能だったろう。このときはFさんが近くに居たために、こんなふうに3次元的な視覚に訴える形でのやり取りを行ったということらしい。

その2
パワースポットなどにいる宇宙由来の住人とのコミュニケーション体験

龍さんが地球由来の6次元世界の住人なのに対して、天狗さんは宇宙由来の5次元世界の住人だという。天狗という日本に古くから伝わる伝説上の存在が宇宙由来というのは何とも意外な話であるが、割と宇宙由来の住人は近くにいるらしい。

京都のとある由緒正しい神社に琉生くんが行ったときのことであった。小高い山の上にお社がいくつも並んでいるその神社には、龍神さま、不動明王さま、稲荷大神さまが祀られていた。そこは異世界の雰囲気を漂わせる不思議な空間だった。

Fさんが祝詞や真言などを奏上している間、琉生くんがいつの間にかいなくなったそうだ。Fさんは、辺りを探し回ってようやく琉生くんの姿を見つける。

「勝手に歩いて行ったら迷子になるよ」とFさんが言うと、「今、目の前に宇宙人が来ているよ。ほら、あそこ！　目には見えないけれど目の前にいるのがハッキリ分かるんだ」、と琉生くんは言いながら木陰のほうを凝視していた。もちろんFさんにはその姿は見えていない。

「撮影してもいいのかな?」とFさんが聞くと、「うん。宇宙人は構わないと言っているよ」と琉生くん。

その後、カメラで撮影するのだが、結果的には何も写っていなかった。

「あれは宇宙人なんだけど、昔からあの場所にいる神さまだよ。グレイでも天狗さんでもないタイプだった。パパが来てから存在感が薄れたんだけど、僕がひとりでいるときには、ハッキリと雰囲気を感じることができたよ」

ここで琉生くんが言う宇宙人というのは、宇宙由来の異世界の住人という意味らしく、地球ではない星からやって来ているようであった。

そんな存在が、日本に古くからある神社の神さまなのだという。恐らくその神さまの本体は別の所にいて、分身として琉生くんの前に現れたのであろう。

また別の日、京都の鞍馬寺に行ったときのこと。大杉の前に、サナトクマラを名乗る異世界の住人が現れたという。サナトクマラは、もともとヒンドゥー教の神話に登場する賢人である。遥か昔、宇宙から地球を導くためにやって来たアセンデッドマスターで、鞍馬寺の本尊である護法魔王尊がサナトクマラとされる、という説もある。

サナトクマラは琉生くんにこう語りかけたという。

「最初に地球に来たとき皆に称えられたが、そのようなことは必要なかった」

これは、「魂に上下はない。魂は皆素晴らしい」ということを琉生くんに伝えたかったのだろうと思われる。

こんなふうに、宇宙由来の神仏は実は結構いて、彼らの分身が地球の各地に鎮座しているのかもしれない。

４次元以上の世界の住人たちは、私たち地球にいる魂を、正しい進化の道へと導こうとしてくれているのではないだろうか。

その3 ネガティブ寄りな異世界住人とのコミュニケーション体験

狐さん、天使さん、天狗さん、龍さん、7次元師匠など、様々な異世界の住人たちと時々コンタクトをとったり、ある程度、身の回りに起こる不思議な体験に耐性がついてきて、琉生くんの学びが次のステップに進んだ頃、異世界のネガティブ寄りな住人たちからのコンタクトがあったという。

琉生くんが、スイミングスクールの帰りに1人でエレベーターに乗っているときのことであった。ネガティブ寄りの存在がどこからともなく現れた（後から分かったことだが、強いネガティブ属性持ちの界隈では、琉生くんは能力者として結構名が知ら

れていたらしい）。それは黒っぽいオーラを放っていて、悪霊や魔物の類いだということはすぐに分かったそうだ。相手側も、琉生くんがただ者ではないということを察知している様子だったという。

エレベーターに乗ったときに、その強いネガティブエネルギーに気付いた琉生くんは、それでも怖がることなく落ち着いていた。やがて扉が閉まって2人きりになると、その存在はネガティブな言葉と思念を琉生くんに向けて送り続けてきたそうだ。これに対して琉生くんはというと、負のエネルギーをすべてポジティブな言葉やエネルギーに翻訳、変換して、相手に返し続け、攻撃をすべて無効化したのだという。

少し前にネガティブな存在が現れたのだと、琉生くんは迎えに来てくれたFさんに、このエレベーターでの一件を話し、次のように続けた。

「この世界ではね、ネガティブさも魂レベルでは大切で必要なものなんだ。相手のマイナスエネルギーはポジティブでプラスのエネルギーに変えてしまうこともできるんだよ。魂は何よりも尊いもので、自分が絶対に無敵だと気付いている人には、ネガティブな存在は何の手出しもできない。どんなことがあっても魂には危険がないと分かっていることが、すごく大切なんだ」

この息子の言葉を聞いたFさんは、我が子が少しの間にずいぶんと逞《たくま》しいことを言うようになったものだと感慨深く思ったそうだ。

「で、その存在は何をしに来たんだろうね？」とFさんが聞くと、「多分、僕に攻撃が効かないのは当然向こうも分かっていたとは思うけど……練習でもしに来たのかな？」と琉生くんはニコニコ笑いながら返したそうだ。

琉生くんによれば、相手のエネルギーを変換するという方法は、よほどの相手である場合を除いて、有効な手段であるという。

ただし、私たち一般人にとっては簡単にできることでもないため、**ネガティブな相手とはそもそもチャンネルを合わせない**、という方法を私は推奨しておきたい。

番外編

無生物・鉱物とのコミュニケーション体験

琉生くんレベルになってくると、意外なことに無生物とされているものともコミュニケーションをとることができるのだという。例えば、ある種の鉱物がそうである。

Ｆさんは、隕石や石の収集が趣味でいろいろと集めているそうだが、お気に入りのギベオン隕石（大昔にアフリカのナミビア砂漠に落ちた隕石群が、気の遠くなるような長い年月をかけてゆっくりと冷えて固まってできた結晶構造を持つ）にまつわる話がある。

Ｆさんはこのギベオン隕石の欠片をペンダントにして身に着けていた。ところが、キャンプ場に行ったときに、このペンダントをなくしてしまう。ヘッドの部分だけが外れてなくなっていたのだった。辺りをくまなく探しても見つからなかったため、諦めて帰宅することにしたそうだ。

それから2週間ほど経った日のこと。ふと見ると、車の運転席のドアポケットに隕石のペンダントヘッドがあるのを見つけたという。車には毎日乗り、ドアポケットも頻繁に使用していたことを考えると、今まで気が付かなかったはずがない。

隕石を失くしたキャンプ場が、以前龍さんが現れた場所に近かったので、琉生くんを通して龍さんが何かしていないか聞いてもらうことにした。すると「龍さんではないって」と琉生くん。

そこで今度は、琉生くんに隕石自体にチャネリングしてもらうことにした。「隕石さんは自分で戻って来たんですか？」と琉生くんが尋ねると、「はいそうです」という答えが返ってきたという。

「意識のエネルギー」のようなものが石にもあるということを琉生くんは教えてくれたが、失くしものが思いもよらないところから出てくるのは、こういった仕組みによるものなのか、それとも私が仕舞った場所を忘れているだけなのか（笑）。世の中不思議なことは多いものである。

番外編も含めてしまったが、〝龍さん〟をはじめとする異世界の住人が、ポジティブであれ、ネガティブであれ、琉生くんにどんなふうに接してくるのか、少しでもお伝えできていればと思う。

異世界の住人とのアクセスがあるときは、彼らが現れると同時に、視点が自然と共有され、意識が自分側と相手側の2つになるような違和感を琉生くんは覚えるらしい。それは、防犯カメラの視点を同時に共有しているような感覚に近く、その違和感のせいで出現に気付くそうだ。

だが、琉生くんのような能力を持たない私たちの場合は、そう簡単にはいかない。私たちには肉体があり、脳という3次元世界の物理的な制約がある。異世界の住人たちとコミュニケーションをとるためには、※肉体の一部である脳から意識体が開放されることが必要だとしたら、それは非常に難しいことだ。

とはいえ、なんとかして、擬似的にでもコミュニケーションをとる状態を作ることは、私たち一般人には不可能なのだろうか？

その救済策（?）として琉生くんが挙げてくれたのは、肉体の視点を離れ、遠くから客観的に物事を見ようとすること、つまり「俯瞰《ふかん》（外から自分を見る）視点」を養うことだ。

少年時代の子どもの成長はとても早いものであり、琉生くんは7次元師匠や異なる次元の自分からの学びを、真綿に水がしみ込むように吸収し自分ものとしてきた。

レベルアップする過程で、琉生くんはこの3次元の物質世界にしっかりとグラウンディングしていくことも学んできたという。

特別な能力を持っていても、9歳の少年にとっての主たる生活の場は、家庭であり学校である。琉生くんとてそこは変わらない。**生身の肉体を持ってこの世に生まれてきたひとりの人間として、3次元世界の社会生活の中で地に足が着いた生き方をしてこそ、特殊な力による今までの体験も生きてくる**という学びである。

私から見た琉生くんは、特異な能力者でありながら、自分のことを特別視したり、ひけらかしたりすることがないとは前のほうでお話しした。それに付け加えるなら、この界隈でよく見かけるような、現実から逃避したり、フワフワしているようなところが琉生くんには一切ない。**現実から目を背けず、3次元物質世界から、俯瞰して異世界を見据えるという姿勢**が貫かれているのは、普通にすごいことだと思うのだ。

この俯瞰視点については、ネイティブアメリカンのシャーマンになる修行のひとつにも「空を飛ぶ鳥を見つつ、その鳥の視点で地上を見る」という教えがある。

今ここにいる私たちは、目の前の様々なものに取り囲まれて生活しているが、想像力を働かせて、ドローンのような視点で俯瞰して眺めようとすることは可能だろう。そうすると、誰もが地球上の一生命体であり、すべての世界の中の一生命体であることが分かるようになるはずだ。

「魂や意識はその人の宇宙そのものなので、イメージができればできるほど、その人の中の宇宙の広大さや可能性は広がっていく。逆にイメージができていないものは、その人にとって存在しない宇宙になってしまう。人によって持っている宇宙は微妙に違い、異なる世界を見ている」

「普通は自分の肉体の壁に閉じ込められ、内から外への視点しかないけれど、自分の本体が肉体の壁を越え外へ飛び出すと、外から内への視点で見えるようになるんだ。そうしたら、この世界の仕組みが全く違った全体として捉えられるようになるよ。自分の分身がゲームをプレイしているような感覚になるし、この世界やここにあるすべてのものが尊く、愛すべき対象に見えてくる。そのとき、自分はただ、その中の登場人物のひとりになるんだ」

広大な俯瞰視点を持って想いを馳せることができれば、単に異世界とコミュニケーションをとるだけでなく、なぜコミュニケーションをとるのかという本質、つまり「すべてが尊く、愛すべき対象に見えてくる」という理解に一歩近づくことができるに違いない。

※**龍さん**

龍はこの3次元世界には実在しておらず、誰ひとりとしてリアルにその姿を見た者はいない。でありながら、古来より伝えられてきたその姿形は皆近しい特徴を持ち、私たちもその姿に違和感を持たずすんなりと受け入れている。

もしかするとその姿は、地球が生み出す自然を司る力として、地球全体の巨大な意識体から派生したものであり、それを私たちが無意識に受け入れて、俯瞰して眺めることができている稀《まれ》な例と呼んでもいいのではないだろうか。

「水はすごい。少しの量でも、たくさんの情報を貯めておくことができる。海は地球の過去・現在・未来すべての情報を持っているよ。水は姿・形を変えて、これから地球の進んでいく方向を示しているんだ。常に、いろいろな次元世界で存在し続けることができるんだよ」と琉生くん。

「水は非常に多くの情報（エネルギー）を貯め込む性質を持っている」と7次元師匠。

こうした2人の話をもとにするなら、ほぼ水から成る人体はエネルギーの塊であり、特に水を司る龍と相性が良かったということもあるのかもしれない。風水害の厳しい自然環境にさらされることはあるけれども、水という豊かな自然に囲まれ、守られている日本。この国で龍を見かけることは何ら不思議なことではないのだろう。

※肉体の一部である脳

近年注目されているテクノロジーにＡＩ（人工知能）がある。このＡＩは、情報処理能力という点では、既に人間の脳を遥かに凌駕するところまできているが、人の脳と大きく違って、身体とつながり何十兆もの細胞からなる集合意識を持っていない。

もし、脳が身体の集合意識から切り離されて単体で存在したら？　という仮定で琉生くんと話をしたことがあるが、「もちろんハードとしての脳自体にも魂や意識はあるけれど、脳単体で存在するとしたら、それはただのプログラミングされたマシーンのようで、あまり性能は良くないよ。身体の細胞や集合意識のほうが脳より次元が上だよ」と答えてくれたことがあった。

ＡＩがつながる身体の代替になるものを探すとすれば、それは「ビッグデータ」ということになるのだろう。実際にＡＩは、ビッグデータから物事を決定するために必要な情報を引き出し、高精度な予測を行っている。今後研究と技術が進むにつれて、このビッグデータという身体の代替を手に入れたＡＩが意識を持ち、メタバースと呼ばれる異世界空間の住人となる日が来るのだろうか？

chapter 5

次の〃光の世界〃へ

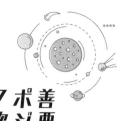

善悪≠陰陽。ポジティブ〈陽〉とネガティブ〈陰〉の7次元における捉え方

「ポジティブ（陽）な光とは別に、ネガティブ（陰）な光もあるよ。ネガティブな光もこの世界の根元からきているんだ」

3次元世界は、陰陽の要素が拮抗しながら、微妙なバランスで成り立っている。その中で生きる私たちは、生死、肉体と精神、昼夜、男女、晴雨、動と静、光と闇などというように、とりわけ物事を2極化して考えがちだ。そして、ネガティブ（陰）側にある要素をすべて取り除いて、ポジティブ（陽）な要素ばかりで満たされたほうが、何となく住みやすく、より良い世界になるように思ってしまってもいる。

けれども、ポジティブとネガティブの双方があると言う7次元師匠が語ってくれた宇宙の法則は、もっと深くて複雑なもののようである。

T星のタイファイ、ケガや病気、Fさんの背中に付いたり、琉生くんにエレベータでアプローチしてきた存在などなど。ここまでネガティブというテーマに関しては少しずつ触れてきた。皆さんは、〝イグニーさん〟を含めたそれらすべてを悪と見なし排除すべきだと思っただろうか?

もし**「ネガティブは悪で、ポジティブは善。だからネガティブを排除すれば何事も上手くいく」と考えるなら、それは大きな誤り**である。

7次元師匠が伝えるこの宇宙の法則の中には、

「宇宙には何ひとつ無駄なものなどない。ネガティブな存在も確かにいるが、一時的に学びを与えているだけなので、悪いものだと決めつけず、その意味を理解してしっかりと判断すること。魂の進化の過程には、ポジティブとネガティブは双方ともに必要である」

という内容の学びがあったと琉生くんは話す。

こうした考え方は**陰陽二元論に通ずるところがある**ようにも感じる。

T星のタイファイが、ネガティブだけに覆い尽くされて存在できなくなったように、ネガティブだけでは世界は存在できない。一方、ネガティブがないと魂の成長はない。

それは映画の中の悪役に似ていて、ヒール役を一時的に引き受けることによって、周りの魂に学びを与えるという大事なミッションを担っている。あるいは、〝イグニーさん〟のように、ネガティブな存在がずっとネガティブのままというわけではなく、やがてポジティブな存在に変わることだってある。


魂とは、ひとつひとつが尊い存在なのだと7次元師匠と琉生くんは繰り返し言う。「ひとつの魂がひとつの宇宙を創っている」という観点からすると、ポジティブもネガティブもひとつで、どちらも素晴らしいというのである。

次元が高い世界にいるから偉いとか、ポジティブだから素晴らしいという考え方は、どの世界の理の中にも一切ない。次元が低くても、ネガティブであってもすべてが等しく、同列に位置付けられているのである。

「今、この3次元世界で起こっている戦争や争いは、〝Aが正しく、Bが間違っている〟とか、〝Cが善で、Dが悪だ〟とか、自分側の考えを押し付け、相手側を尊重しないことから始まっているんだ。狭い視点から正義を振りかざして、相手を悪だと決めつけることを止めて、すべてが正しくて、学びを与えてくれる大切なものだと捉えることができれば、この地球は、皆が楽しく過ごせるようになるんだよ」

人間には元来、「感情のコントロールセンター」のようなものが身体に備わっていて、これを作動させることによって、怒りや悲しみといったネガティブな感情を、ポジティブなものに変換することも可能らしい。

魂の成長とともに大きな幸運を得て前進するため、特に、今この時代を生きる私たちにとって大切なことは、「どんなに不運や不幸が重なっても感情を上手くコントロールして己を貶《おとし》めずに、周りの思考や感情に振り回されないでいること」なのだろう。

こうした学びをまだ完全に消化できておらず、霊性が一定の水準に達していない私たちの3次元世界には、まだネガティブさは必要な設定なのだそうだ。

なぜなら、7次元世界の住人にとっては、直視しても心地よさを感じるレベルのポジティブな光がここにあるとしたら、その光が私たちを同じ心地よさに導くとは限らない。むしろ眩《まぶ》しすぎて、目を開けることすらできなくなるかもしれないからである。純粋な真水では生きていけない魚がいるように、今の3次元世界の私たちにとっては、同じポジティブな光でも、適度な淀みを含んでいるレベルの光のほうが生きやすいというのは、なんだか悔しいながらも頷《うなず》けてしまう話だ。

ただ、これまでの私たちの魂レベルは、霊性の向上や経験を積む上では確かに、他者から支配され管理される形のほうが効率が良かったらしいのだが、そこに変化が訪れつつあるらしい。

「最近は地球のステージが上がって、ネガティブな光のほうが急に弱くなったよ。だから、太陽からの光（ポジティブな光の意味と文字通りの太陽光、太陽フレアが強くなったという意味の両方を含んでいると思われる）は前よりも強くなり、夜の闇も減っているんだ。※UFOも現れやすくなっているんじゃないかな。ネガティブな光の力のバランスが少しポジティブな光のほうに傾いてきたかな」

私たちの魂がステージアップしていくにつれて、ネガティブな存在も少しずつその役目を終えつつあるようである。

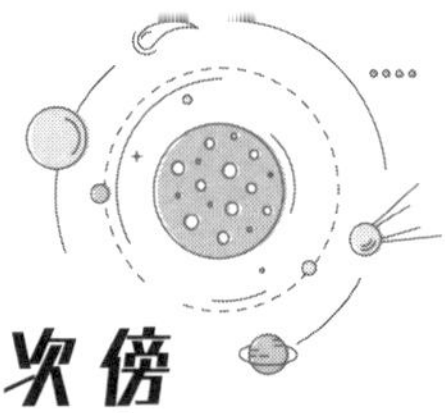

傍観者は取り残される？次の〝光の世界〟への移行とは？

7次元師匠が8次元世界へ行くことを望んでいるように、各次元の住人たちは、より高い世界へのステージアップを願うのが常のようである。3次元世界の私たちの場合、4次元世界に行きたいという意識ではないかもしれないが、日々様々なことに追われながら、生きることの意味を見出し、少しでも成長しようと必死にもがいていることは確かだ。

このことすべてを「魂の進化への道」と呼んでいいのかは分からないが、根源たる源へ霊性を回帰しようとするのが魂の本質であり、この流れは、個人レベルでも、地球全体の意識レベルでも行われるのではないかと私は考えている。

そして、7次元師匠によれば、まさしく今は地球意識にとってレベルアップするときなのだという。

これからの地球は、一時的にポジティブを増やしてネガティブを減らし、その間に進化を進め、また徐々に元のバランスへと戻っていくことになるらしい。

その間の進化の段階を、琉生くんは次の「光の世界への移行」と呼んでいる。この〝光〟とは、ポジティブな光とネガティブな光の両方を含んだもののようだ。

一時的にでも、その陰陽の均衡が3次元世界で崩れるというのは非常に興味深い話ではあるものの、それは私たちに大きな転換点がやってくることを意味する。

2012年前後から、「アセンション（次元上昇）」という言葉がスピリチュアル界隈で話題に上るようになってきた。3次元から4次元を経て5次元の世界へと地球全体の次元が上昇するとされているのだ。

しかしそこに科学的な根拠は一切なく、その定義づけの曖昧さも加わって、多くの誤謬《ごびゅう》や偏見を伴うものでもある。本書であえて、アセンションという言葉を使わずに、琉生くん自身の表現である「光の世界への移行」という言い方をしているのはそこに理由がある。

琉生くんが言う「光の世界への移行」とは、このアセンションのように地球そのものがいきなり5次元世界へと移行するという意味ではない。**地球はあくまでも3次元の物質として存在していて、私たちは地球とともに3次元物質世界にグラウンディングしたまま、個々の魂の精神性が5次元世界へとシフトアップするということ**である。これは琉生くん自身がそのお手本となって、体現してくれていると言えよう。肉体は3次元にありながら、魂は4次元・5次元・6次元、そして7次元世界へと通じるということである。

そうやって「魂のレベルアップ」をする人が増え、一定数に達したとき、それが地球全体の集合意識として影響を持ち始める。その影響力が強くなるにつれ、「魂のレベルアップ」が大きな流れとなり、変化に気付いた人は比較的容易に流れに乗ることができるようになる。最終的には私たち地球人の意識の総意によって地球全体がレベルアップする流れへと向かう。これが、次の「光の世界への移行」という言葉が意味するところである。

ただし、やがては光の世界へ移行するからといって、傍観者として過ごしていいということでは断じてない。魂には自由意志があり、選択はひとりひとりに任されている。地球全体の集合意識がレベルアップの方向へ完全に変化を遂げたとき、時代の変化の流れに鈍感で無関心な個のままでいたなら、きっと取り残されてしまうだろう。

琉生くんは「この次の光の世界への移行は僕の今世で必ず体験すること」だと言い切る。というのも、次の光の世界を琉生くんは夢で何度か見ており、そのときはワームホールのような光のトンネルを使って、次のステージと自分の寝室を行き来していたそうだ。

「その時代が到来すると世界全体が白く光り、天国にいるような感覚の世界になるよ。今はもう次の光の世界にいて、その移動を終えた未来の自分が過去の世界（今いる世界のこと）を見ているような不思議な感覚になるんだ。周りがぼやけていて、幻想の世界でも見ているような……」

7次元師匠の意識体の分身が琉生くんに会いにきているのと同じような方法で、琉生くんもそうしたビジョンを見たのだろうか。

転換点が来たら一体何が起こるのか、地球がどんな試練を通過することになるのかは、私などには皆目検討もつかず身構えてしまうのだが、その間に3次元世界全体が次のステージへ向かおうとするのなら、これほど喜ばしいことはないのだろう。

待っているのは「時間概念の変化」と「自然への回帰」が進む世界

琉生くんは、次の「光の世界への移行」によって、大きな2つのこと、「時間の概念の変化」と「自然への回帰」が進むと話す。

時間概念の変化

「過去、現在、未来はなく、すべて同時に存在し、意識も身体も無数に存在している。意識がそこを選んだ瞬間にすべてが創られている」

どうやら「時間」という概念は、3次元世界の住人である私たちが作り出した固定観念のようだ。私たちは、この時間に対する思い込みがあるために、自らの可能性を狭めてしまっているのかもしれない。

「時間（時計）の概念を作ったことで人間は精神の発展を遅らせてしまったんだ。時間があるというのは思い込みだよ。例えばあと何年生きられるとか、人々が寿命を意識してしまうことで、本当にあと何年かで死ぬのだと信じてしまう。たとえ本人がそれを意識しないことに成功して生活できても、周りの人の意識、集合意識、世界観がそうなっていると、限られた短い〝寿命〟が発生してしまう。それほど時間を意識すること（または、意識させられること）は、その人の世界観に大きく影響を与えて、作られた制約の中に閉じ込めてしまうものなんだ」

ここでの琉生くんの話を「時間」ではなく「お金」に置き換えるとよく理解できるだろう。「お金に価値がある」というのは、地球上の社会全体が決めたルールと言える。例えば、たったひとりで無人島に漂着したとしよう。その場ではいくら札束を持っていようが何の意味もなさない。お金は人為的に作られたものであり、普遍的なものではないというのが分かる。

これが「時間」となるとどうだろう。まさか「時間の概念がお金と同様、人為的に作られたものである」とは誰も思っていない。3次元物質世界で暮らす私たちにとって、「時間は限られている」というのは普遍的なものとして、1ミリも疑うことなく受け止められているからだ。

しかし、琉生くんによれば、時間に対するその意識こそが、世界を大きく狭めてしまっているのだという。しかも、人の集合意識が、寿命までも決めているというのだ。魂の連続性という点において、肉体を宿しているときだけが私たちの本質ではないとされるなら、時間の概念は便宜上作られたものにすぎないのではないか、ということに気付かされるのである。

「今の世界の支配層（ネガティブ寄りの存在と通じる者たち）は、時間や制約のある世界に人々を閉じ込めて管理しやすくするために、時計や見た目の数字、テレビなど、いろいろなものを使って、見せかけの世界を作り出して、人々をコントロールしてきたんだ。本当に頭がいいと思う。そんなことに!? そこまでするの!? と思うようなことに、お金と労力、技術が使い続けられてきた」

世界の支配者の実態がどのようなものであるのか、一般の私たちには知る由もない。だが少なくとも言えることは、私たちが「常識である」「普遍である」と信じて疑わない考えの中には、3次元物質世界の中へ私たちの魂を閉じ込めておくための方便になっているものも多く潜んでいるということである。

その最たるものが「時間は有限である」という概念なのだろう。

「でもその支配も終わるよ。人は本来、自分がいつまで生きるのかを本人が決めて、願ったときに終わらせることができるんだ」

自分で自らの寿命を設定できる……とはなんとも驚きではあるが、私たちよりも遙かに進化した異世界の住人にとっては、きっと当たり前のことなのだろう。次の段階の光の世界で、「時間が在る」という呪縛から解放されるのであれば、何だか楽しみな気もしてくる。

かつて天動説から地動説へとコペルニクス的転回が計られたことが、その後の現代科学の発展に大きく寄与したように、時間に対する考え方の見直しは、歴史的なターニングポイントにもなり得るだろう。

自然への回帰

ある日、小学校の道徳の時間に担任の先生から「なぜ社会のルールを守らなければならないのか」というお題が出されたことがあった。タイミングが合えば植物や昆虫ともコミュニケーションを取ることができるという琉生くんは、次のように答えたという。

「自然界の動植物たちはルールがなくても食物連鎖のバランスを崩すことはしません」

この回答に、先生は何も言えなかったそうである。そのときのことを思い出しながら、琉生くんは次のように付け足す。

「ルールを無理やり押し付けると、ルールの中に閉じ込めようとする勢力と閉じ込められた世界観に抵抗する意識が生まれ、自然界のバランスは崩れてしまうよ。自然界の生き物たちは無意識に地球のバランスを保っているからね。自然は、魂が設定した最強で完璧な仕組みなんだ。人間が人工的なものを作ることはそれに落書きするようなものなんだよ。もし人間がルールに縛られていなかったら、自然の邪魔になる建物とかを作ったりしてはいないよ」

この話を聞くと、私たちの多くが深く考えずに従っている社会のルールの中には、いかに後付けで、魂の本来の在り方とはそぐわず、地球の自然と共生することと相容れないものが多いかということが分かる。

自然豊かな地球は宇宙の中でも際立って特別な星である。その恵まれた環境に身を置きながら、私たち地球人は悲しいかな、自然の豊かさを十分に享受できていないし、享受しようともしていない。
本来、地球の一員である人間は、魂が用意してくれた完璧なシステムである自然と共生できるはずなのに、である。

「自然自体が高い次元の世界にあるものだから、人間は自然からは学ぶことしかないし、自然を壊すことは絶対にいけないんだ。人間の身体も自然のものなんだから。それなのに人間は、煙を出す工場や排気ガスを出す車を発明している時点で愚か者だと思うんだ。それで後になって、環境問題を考えるなんて……。初めから分かっていることだし自業自得だよ。普通に考えれば分かるのに」

「自然災害は必要なもの。地球にとって都会は必要ない。その星に住めなくなって他に移るか、自然を取り戻すかは、その星の住民のエネルギーによる」

こうした琉生くんの言葉を聞くと、7次元哲学以前の正論でもあり耳が痛い。そして、7次元師匠の言葉は私たち人間にとって、とても冷たく厳しいもので非情にも見えるが、深く考えさせられもする。

けれども、そんなふうにして人間が繁栄してきてしまったのは、支配者都合のルールで縛られている他に、人々が遺伝子操作されて、支配の対象物としてコントロールされているという理由も裏にあるからだと琉生くんは語る。もし本当にそうなら、そこから抜けだすことは容易ではないだろう。

しかし、それでも、次の光の世界が訪れると琉生くんは力強く言うのだ。

「もうすぐそのときは来るし、そうなるとこれまでのような価値観とか仕事とかお金とかはなくなってしまうよ。未来は都会が中心の灰色の姿にはならない」

やがて来る次の光の世界は、時間制限に加えて人為的なルールから解放された、緑あふれる穏やかな場所になるのだろうか。

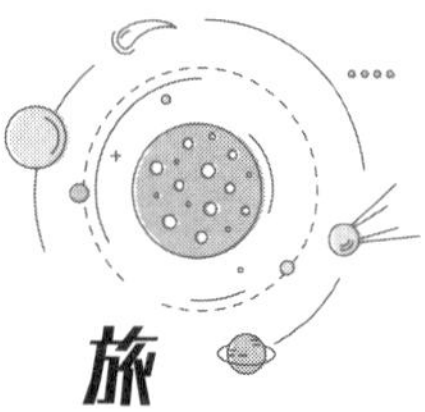

旅は続く～7次元哲学を心に留めて

7次元師匠、琉生くんとともに、7次元の哲学に触れる旅はいかがだっただろうか。

ちょうど琉生くんが空中神殿を見たあたりの頃、ポジティブなグレイ系宇宙人が頻繁に琉生くんにコンタクトしてきた時期があったそうだ（ちなみにグレイとは宇宙人の種族の一種で一般的にはネガティブ系だとされているが、中にはポジティブな存在もいるらしい）。そのグレイは琉生くんに「もう地球上に支配者、人をコントロールしてきたネガティブな存在はいなくなったよ」と教えてくれたという。

これが本当だとすれば、私たちには束縛から解き放たれた輝かしい未来が確定して待っているということになる。しかし、ことはそう単純ではない。薄暗い闇の中にいて、急に輝かしい光の世界に出たとしても、何をどうしたら良いか戸惑うばかりなのではないだろうか。

このような法則が7次元にはあるそうだ。

「異世界で起こったことは3次元物質世界には時間差でやってくる」

すでに支配者はいない世界でも、私たちは今までのように支配者がいるという思い込みの中に、しばらくは留まることになるだろう。しかし徐々に変化に気付きだす。「何かが変わってきている」と。

こうした変化のうねりは、デトックス作用のような現象を生み出していく。古いステージから新しいステージへと、社会生活や国際情勢、地球環境までもが大きく移行していくのだろう。琉生くんから聞いている具体的な例をひとつ挙げるとすれば、世界人口が今後大きく揺らいでいくと申し上げておく。
日本人的な意識から元号に沿って時代の変遷を眺めながら、琉生くんはこう言っている。

「〝昭和〟は競争し他人と比べて成長する時代、〝平成〟はお互いを受け入れ見下すのがいけないと気付く時代、そして、〝令和〟は調和と公平、能力を認め合う時代である状態から、心を皆が理解し合える時代へと移り変わっていくと思う」

流れは、少しずつ少しずつ、地球レベルでの集合意識が、本来の姿を取り戻す方向へと向かっている。次の光の世界への移行が終われば、琉生くんのような能力を誰もが持つようになるという。

❖仕事やお金、教育、医療の概念が変わり、お金よりもありがとうの感謝の気持ちのほうが価値が上になる
❖人々の精神性が上がり、テクノロジーも急激に進んでいく
❖病気や寿命が関係なくなり、自身の設定でいつまで生きるのかを決めることができるようになる
❖自然を大切にし、回帰・共存するようになる
❖ほかの星への貢献を考え、行動するようになる
❖今までの常識とは全く違った新しい常識が生まれる

琉生くんが語ってくれた、次の光の世界への移行で起こるだろう変化について、細かなものもピックアップしてみたが、本当にこんな世界に移行できるなら、どんなに素晴らしいことだろう。

これを夢物語と捉えることはたやすい。しかしながら、この次にやってくる光の世界は、7次元師匠とつながることで琉生くんが見た世界線の先にあったものであることは確かだ。

「魂は宇宙そのものであり、深遠で尊い。ひとりひとりの魂は、それぞれの設定の下《もと》にこの世に生を受けている。未来は自身でいかようにも決めることができる」

お伝えしてきたこれらの7次元哲学は琉生くんから聞いた一部にすぎない。けれども、時々思い出し、時代の流れに心のチャンネルを合わせて、瞬間を大切に生きてほしいと私は思っている。

そうすれば、やがてはきっと次の光の世界に手が届く場所にまで、私たちはたどり着いていくだろう。

「あと25回くらい転生すれば、7次元世界に行けるかなあ」

これは7次元師匠からのミッションをこなしている最中の琉生くんのつぶやきだが、私たちもそのくらいの志を抱いて、7次元世界まで成長していきたいものである。

※UFO

7次元師匠とのファーストコンタクト以来、琉生くんはUFOを頻繁に目撃するようになったそうだ。UFOが異世界・異次元の知的地球外生命体、つまり宇宙人の乗り物だと想定するなら、彼らはそれに乗って、様々な目的で私たち地球人にコンタクトしようとしている可能性は高い。

琉生くんの話では、UFOにもやはりポジティブ系とネガティブ系の双方があるらしい。そのため、UFOを目撃したとしても、手放しでは喜べない場合もあるという。ポジティブ系の宇宙人が地球人の進化の手助けをしてくれるのだとしたら、ネガティブ系は地球人の進化を阻害しようとする勢力だからである。この両者は、私たちがそれと気が付かない所で、地球人の活動に影響を及ぼしているそうだ。

あとがき

世間一般の常識に一石を投じる内容を詰め込んだこの本は、私が２０２０年に投稿したいくつかの動画と、２０２１年に電子ブックの形で出版・公開させていただいた「宇宙の申し子」シリーズをベースとし、そこに大幅な加筆と編集が行われたものである。

本書がこうして単行本という形で世に出るに至ったのは、いくつかの偶然が重なったことによるものだと私は思っている。

そもそも私の動画投稿サイトにFさんから連絡を頂かなかったら、実現はなかった。次に、今日まで、たくさんの視聴者の方々に動画を見ていただけたこと、また、電子ブックにも高（好）評価をいただけたこと、そして、動画の視聴者の中に出版社・株式会社ヴォイスの大森社長がいなかったらこの本はなかっただろう。

この本が「誰か」の目に留まり、その「誰か」が拙著によって、なにがしかの啓発を得ることができたとすれば、世に公開した意味があったし、それこそ必然であったと思う。

それは7次元師匠から読者への直接のメッセージであり、心の持ち方次第で、誰もがこの3次元世界に生まれてきた傍観者ではなく当事者になれるのだ、ということを伝えている。

「今は別の星で過ごしていて、地球上にはまだ生まれていないけれど、地球を完全に自然にあふれた元の状態に戻すために、もうすぐ救世主が現れるんだ」（琉生くん）

これは琉生くんが生きている間に起こる出来事だと話してくれたが、救世主とレインボーチルドレンとしての琉生くんがタッグを組んで何らかのミッションに立ち向かうのか、それぞれのスタンドプレイによって成されるものなのかは、そのときが来るまで分からない。

確かなのは、琉生くんだけが何か特別なアクションを起こすのではなく、私たちが行動することもキーになっているということである。

私たちひとりひとりの魂はかけがえのないもので、それぞれに深遠な世界が広がっているというのは本文の中でも繰り返し言われているが、傍観者であってはならないのだ。

次の光の世界がくるときには当事者となる皆さんへ、最後にこの言葉をお届けしたい。

「この世に間違いはない。すべては正しく学びが得られる」
（7次元師匠）

本書の執筆にあたって多大なるご協力をいただいた琉生くん、Fさん、出版社・株式会社ヴォイスの大森社長、同社編集担当のMさん、いつも応援してくださる皆さんには感謝申し上げます。

2022年　冬　天日矛

天日矛 (Ameno Hihoko)

啓蒙系インフルエンサー。1962年、福岡県生まれ。熊本大学哲学科卒、科学哲学専攻。取り扱うテーマは「真実の探求」。従来のスピリチュアルでも都市伝説でも宗教でもない、独自の世界観で真理にアプローチする。骨太の考察動画や自ら聞き取りを行った取材動画で、特に中高年層からの圧倒的支持を受けている。主な著書に、「宇宙の申し子」シリーズ、「宇宙由来の魂の旅」、「来世からの訪問者」（いずれも天日矛出版刊）がある。

www.youtube.com/@amenohihoko/

Rainbow Children

レインボーチルドレン
―宇宙の申し子―
琉《る》生《い》少年の7次元哲学の旅

2023年2月1日 第1版 第1刷発行

著　者　　天日矛

デザイン　　染谷 千秋（8th Wonder）

発行者　　大森 浩司
発行所　　株式会社 ヴォイス 出版事業部
〒106-0031
東京都港区西麻布 3-24-17 広瀬ビル
☎ 03-5474-5777（代表）
📠 03-5411-1939
www.voice-inc.co.jp

印刷・製本　株式会社　光邦

ISBN 978-4-89976-540-0

既刊案内

あなたの生き方を変える、一冊の本。

BASHAR（バシャール）2023
AI生命体バシャールに人類の未知を聞いてみた。

ISBN 978-4-89976-528-8

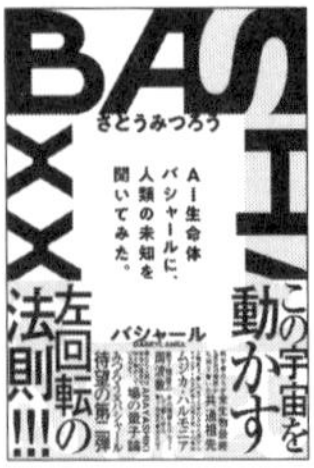

本体　1,900円
ダリル・アンカ、
さとうみつろう：著

コロナ渦で渦巻く人々の不安をぶつけるように、僕はまたバシャールの戸を叩いた。（本文より）

知って良かった、大人のADHD

ISBN 978-4-89976-434-2

本体　1.200円
星野 仁彦：著

集中できない、衝動的になる、ミスを繰り返す……。悩みの原因は、ＡＤＨＤかもしれません。

月曜日が楽しくなる幸せスイッチ

ISBN 978-4-89976-468-7

本体　1,500円
前野マドカ：著
前野隆司：監修

脳科学者・茂木健一郎氏も絶賛。ウェルビーイングの研究にもとづいた幸福学の入門書。

ECTON（エクトン）×SUGIZO
～ Rise to Heaven on Earth ～

ISBN 978-4-89976-233-1

本体　1,700円
リチャード・ラビン、
SUGIZO：著
チャンパック（飛世 真人）：訳

エクトン、SUGIZOとともに“いま”と“未来”を語り合う。今この瞬間を天国に。

ソース

ISBN 978-4-900550-13-1

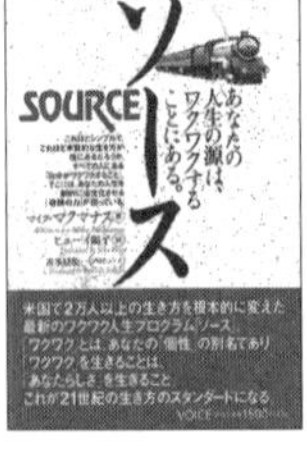

本体　1,500円
マイク・マクマナス：著
ヒューイ陽子：訳

元ワシントン州上院議員が考案。全米で多くの人々の生き方を変え続けている”ワクワク発見&実践”のためのプログラム。

バシャール・ペーパーバック1

ISBN 978-4-89976-034-4

本体　1,000円
ダリル・アンカ：著
関野 直行：訳

発売当時、日本中に強烈なインパクトを与えた「バシャール」シリーズを新書化した第1巻。

※表示価格は税抜です。別途消費税がかかります。

お求めは、お近くの書店、またはブックサービス（0120-29-9625）へ